에너지 시프트

에너지 시프트

탄소 중립 시대의 11가지 키워드

ENERGY SHIFT

김현진 이현승

민음사

차례

탄소 중립 시대를 위한 세 가지 제언   **3**

들어가며

2050 탄소 중립을 위한 11가지 키워드

　우리는 지금 21세기 에너지 대전환의 길목에 서 있다. 통제할 수 없는 상태로 치달은 기후 위기 속에서 기후변화를 더 이상 방치할 경우 전 지구적 차원의 재앙이 불가피하리라는 과학계의 경고에 세계 각국 정부는 '탄소 중립'으로 응답하고 있다. 전 세계 경제 규모의 3분의 2가 넘는 국가들이 잇달아 넷제로를 선언하면서 탄소 중립은 21세기 새로운 경제 질서로 부상했고 탄소 제로를 향한 인류의 위대한 행진이 시작되었다. 더욱이 지난 2년간 우리가 겪은 코로나 팬데믹은 막연하게 생각해 온 기후 위기를 현실적으로 느끼게 해 주고 이런 인식 변화 또한 에너지 시프트를 앞당기고 있다.

　이 책은 11개의 키워드를 통해 현시대의 당면 과제인 '에너지 시프트'를 살펴보고자 했다. 2부의 각 장 영문 제목의 머리글자를 따면 이 책의 제목인 에너지 시프트(ENERGY SHIFT)가 된다. 이 11가지가 지금의 에너지 대전환을 설명할 수 있는 핵심 키워드라 할 수 있다.

Environmental Attack 환경의 역습

Net Zero Economy 넷제로 경제

ESG 기업 평가의 새로운 기준

RE100 재생에너지 100

Grid 전력망

Youth in Action 행동에 나선 MZ세대

Stranded Assets 좌초 자산

Hydrogen Society 수소 사회

Innovation of Renewable Energy 재생에너지 혁신

Footprint Reduction 탄소 발자국 줄이기

Transport Decarbonization 수송의 탈탄소

기후 위기로 인한 에너지 시프트 과정에서 우리가 선택해야 할 에너지원과 버려야 할 에너지원의 기준은 명확해졌다. 그 기준은 얼마나 탄소를 배출하지 않는가, 즉 '깨끗한 에너지인가'이다. '탈탄소'가 새로운 표준으로 등장하면서 에너지 산업은 물론 기업의 경영 환경 전반에 근본적인 변화가 시작되었다. 석탄을 비롯한 화석연료는 종언이 예고되는 한편, 태양광과 풍력발전 시장은 역대급 성장을 기록하고 수소 경제에 대한 기대감이 한껏 부풀었다. '탈탄소'는 산업의 흥망

성쇠를 좌지우지하고, 기업의 운명을 뒤흔들고 있다. 투자자들은 냉정하게 화석연료 관련 기업과 거리 두기에 들어갔으며, 탄소 중립 시대의 유망주에는 거대한 규모의 자금이 몰리고 있다. 전통 에너지 기업들은 탈탄소를 위한 기술 개발과 포트폴리오 다각화를 요구받고 있다. 탄소 중립으로 가는 길은 말도 많고, 탈도 많고, 비용도 많이 들고, 기술적 난관도 헤쳐 나가야 하는 험난한 길이다. 탄탄대로, 꽃길만 이어질 리도 없으며 주요국의 정책과 규제 변화 등에 따라 멈춰 가는 순간도, 돌아가는 지점도 있을 것이다. 조정기와 반동 현상 역시 불가피하다. 하지만 에너지 시프트는 이미 거부할 수 없는 흐름이 되었다.

이 책은 우리가 직면한 기후 위기라는 도전, 이 도전에 대한 응전으로서의 에너지 시프트 과정, 그리고 도전과 응전의 상호작용을 통해 인류가 바꾸어 나갈 새로운 세계와 미래의 모습을 담고 있다. 저자들은 기후 위기와 에너지 시프트와 관련된 현상, 정책, 기술 등을 논함에 있어 독자에게 포괄적이면서도 균형 있는 시각을 제공하고자 했다. 또한 전문적인 내용들을 가급적 쉽게 풀어 전달함으로써 대중적인 관심을 제고하고자 했다. 이를 통해 이 책이 우리 시대가 직면한 최대 난제를 해결하는 데 작게나마 도움이 된다면 큰 기쁨이 될 것이다.

2022년 1월 김현진, 이현승

탈탄소,

부의 지도를
바꾼다

ENERGY
SHIFT

1

"탈탄소를 향한 거침없는 행보가

비가역적일 수밖에 없는 결정적인

또 다른 이유는 바로 돈의 흐름이

바뀌고 있다는 것이다. 이미 거대한

규모의 자금이 탈탄소 시대의

유망주로 몰리고 있다. 돈이 몰리는

곳에 인재도 몰리고, 기술도 싹트며,

산업도 꽃핀다."

1 변화하는 부의 흐름

"이미 거대한 규모의 자금이 탈탄소 시대의 유망주로
몰리고 있다."

탈탄소, 탄소 중립, 넷제로(Net Zero)…….

최근 TV나 신문, 인터넷 뉴스 등에 하루도 빠짐없이 등장하는 용어다. 2020년 10월, 우리 정부는 '2050 탄소 중립'을 선언했다. 2050년까지 실질적인 온실가스 배출량을 넷제로 상태인 '0'으로 만들겠다는 것이다. 1년 후인 2021년 10월에는 정책 방향을 구체화한 탄소 중립 시나리오 최종안을 제시했다. 이 안은 수많은 의문을 촉발했다.

제조업 비중이 높은 우리나라의 현실에서 2050 탄소 중립이 과연 가능할까. 탈탄소에 드는 막대한 비용은 어떻게 감당할 것인가. 탈탄소에 과연 이렇게 많은 돈을 쓸 필요가 있을까. 지구를 살리는 것도 좋지만, 그 과정에서 기업이 먼저 죽는 것은 아닐까. 탈탄소 정책으로 좌초될 산업과 기업은 어떻게 구제할 것인가. 연착륙 전략은 있는

가. 어떤 에너지원을 버리고, 어떤 에너지원을 취하면서 탄소 중립을 이룰 것인가. 탈석탄, 탈원전을 하면서 전기 요금 인상을 막을 신의 한 수는 과연 있는가.

탄소 중립 과정에서 결코 피해 갈 수 없는 불편한 질문들이다. 이런 불편한 질문에 우리는 왜 답을 구해야 하는가. 이 어려운 길은 왜 피할 수 없으며, 우리는 왜 가야만 하는 것일까. 그리고 그 답은 무엇일까.

통제할 수 없는 기후 위기

탈탄소로 나아가야 하는 가장 근본적인 이유는 기후 위기를 통제할 수 없게 되었다는 데 있다. 최근 과학계는 지구의 평균 기온 상승이 지구가 감내할 수 있는 임계치에 근접했음을 거듭 경고하고 있다. 지금 당장 온실가스를 줄이지 않으면, 지구는 거주 불능의 상태로 치달으리라는 것이 과학계의 정설이다.

2021년 8월, 지구촌 곳곳에서 전례 없는 대홍수, 폭염과 가뭄, 초대형 산불이 이어지는 가운데 유엔 산하 국제 협의체인 IPCC (Intergovernmental Panel on Climate Change)[1]의 6차 보고서가 발표되었다. 4000쪽에 달하는 방대한 분량의 이 보고서[2]는 전 세계에 충격을 주기에 충분했다. IPCC 보고서의 핵심 메시지는 다음과 같다.

현 추세가 이어진다면 지구는 2021~2040년 사이에 기후 위기의 티핑포인트(Tipping Point)로 여겨지는 평균 기온 1.5도 상승 시점에 도달할 가능성이 높다. 티핑포인트란 어느 순간 균형이 깨지면서 특정 현상이 급속도로 퍼지는 상황을 의미한다. 티핑포인트를 지나면 기후 위기는 돌이킬 수 없는, 더 이상 막을 수 없는 상태가 된다. 특히 IPCC는 기후 위기의 티핑포인트 도달 시점이 기존의 예측보다 무려 10년이나 앞당겨졌음을 강조한다. IPCC의 진단을 좀 더 살펴보자.

첫째, 현재 지구가 처한 기후변화의 상황은 인류사에서 전례를 찾아볼 수 없는 수준이다. 현재 대기 중 이산화탄소의 농도(410ppm)는 지난 200만 년을 거치는 동안 지금이 가장 높다. 지구의 평균 기온이 상승하는 속도는 지난 2000년 동안 지금이 가장 빠르다. 지난 5년 동안(2016~2020)의 지구 평균 기온은 1850년 이후 가장 높다.

둘째, 지구의 평균 기온이 1.5도 상승하는 기후 위기의 티핑포인트에 도달하면, 예상을 뛰어넘는 폭염, 폭우, 홍수, 가뭄 등 기상 관측상 전례 없는 극단적인 기상 현상이 발생할 확률이 높아진다.

셋째, 대기 중 이산화탄소 농도가 증가하여 기후 재앙 수준의 기후변화가 일어나고 있는 현재의 위기를 초래한 장본인은 인간임이 명백하다. 탄소 중립을 실현하지 않으면 지구의 평균 기온은 계속 상승할 수밖에 없다. 2050년에 탄소 배출량을 '0'으로 만드는 목표를 달성한다는 가장 낙관적인 시나리오에서조차 지구 평균 기온의 추가 상승은 피할 수 없다.

유엔 산하의 국제 협의체로 기후변화의 과학적 측면에 관해 가장 권위 있는 기관인 IPCC의 경고를 우리는 어떻게 받아들여야 할까. 66개국 234명의 저명한 과학자들이 1만 4000여 편의 논문과 자료를 분석해 내놓은 무거운 경고를 더 이상 한낱 위기 조장 시나리오로 폄하하며 방관할 수는 없다는 것이 국제사회의 분위기다.

답은 탄소 중립에 있다

현실로 들이닥친 생태계의 위기에 각국 정부가 응답하기 시작했다. 2019년 EU를 필두로 중국, 일본, 미국 등 세계 주요 각국이 잇달아 탄소 중립을 표명하며 탈탄소를 위한 에너지 시프트에 나섰다. 우리나라도 이 대열에 동참했다.

2021년 10월 말, 현재 탄소 중립을 표명한 국가는 63개국에 이른다. 이 중 우리나라를 포함한 18개국은 탄소 중립을 법제화하는 단계까지 이르렀다.[3] 우리나라의 경우 2021년 8월, '기후 위기 대응을 위한 탄소 중립·녹색 성장 기본법(탄소 중립기본법)'이 국회 본회의를 통과함으로써 세계에서 열네 번째로 탄소 중립 이행을 법제화한 국가가 되었다.[4] 탄소 중립을 국제사회에 공식적으로 표명하지는 않았지만, 국내적으로 탄소 중립 계획을 수립하고 논의 중인 국가 역시 79개국에 달한다.

탄소 중립을 향한 이와 같은 국제사회의 움직임은 이제까지의 기후변화 대응과는 사뭇 결이 다르다. 기후변화 문제가 국제정치적 쟁점으로 떠오른 1980년대 말부터 각국 정상들은 매년 모여서 기후변화 대책을 논의해 왔다. 하지만 한자리에 모인 각국 대표단은 제각기 자국의 이해득실만을 따지기에 여념이 없었다. 동상이몽(同床異夢)이었다고나 할까. 30여 년 동안 매년 모이다 보니 가끔씩은 지구환경 보호를 거창하게 내세운 장밋빛 합의들이 성사되기도 했다. 하지만 온실가스 감축을 향한 합의의 이행은 번번이 실패로 돌아갔다. 지구환경을 위한 국제사회의 합의는 마치 『이솝 우화』에 나오는 양치기 소년 이야기와도 같았다.

각국 대표단이 자국의 국익을 우선시하는 것은 어찌 보면 당연한 일이다. 그리고 이런 태도는 지금도 크게 다르지 않다. 세계 각국이 너 나 할 것 없이 탄소 중립을 내세우고 있지만, 그 이면에 자리한 각국의 상황과 속셈은 제각기 다르다. 탈탄소 경쟁력을 갖춘 선두 국가들이 자국 산업계에 유리한 방향으로 새로운 표준과 규칙을 만드는 측면도 있다. 그러다 보니 경우에 따라, 국가에 따라 탈탄소에 역행하는 정책적 뒷걸음질도 분명 나타날 것이다.

그럼에도 현재의 기후변화 대응이 과거의 대응과 '결이 달라졌다.'는 것은 무슨 의미일까. 첫째, 이제까지 기후변화에 따른 위험은 장기적이고 불확실한 반면, 이를 방지하는 데 따르는 단기 손실은 명백하다는 인식이 지배적이었다. 그리고 이러한 인식이 정책 수립 방향에 영향을 미쳐 왔다. 하지만 이 인식에 근본적인 변화가 일어나고 있다. 기후변화에 따른 위험은 더 이상 장기적이지도, 불확실하지도 않다. 기후 위기는 이미 우리 일상에까지 다가왔고, 그 피해 역시 가시화되고 있기 때문이다.

둘째, 수년 전까지만 해도 기후변화에 관한 과학적 결론이 유보된 측면이 있었다. 일례로 미국의 트럼프 대통령은 기후변화를 음모론으로 취급하며 그 위험이 과장되었다는 입장을 취해 왔다. 하지만 기후변화의 현상과 원인을 규명하기 위한 과학계의 꾸준한 노력과 축적된 연구 결과는 과학적 합의를 이끌고 사람들의 인식을 바꾸고 있다.

방향을 튼 거대한 돈의 흐름

탈탄소를 향한 거침없는 행보가 비가역적일 수밖에 없는 결정적인 또 다른 이유는 바로 돈의 흐름이 바뀌고 있다는 것이다. 이미 거대한 규모의 자금이 탈탄소 시대의 유망주로 몰리고 있다.

탈탄소 시대의 최고 유망주 중 하나인 신재생에너지를 보자. 신재생에너지 자산은 새로 설치되는 발전 자산의 무려 80%를 차지한다. 반면 한때 최고의 몸값을 자랑하던 화석연료 관련 산업은 좌초자산으로 전락할 것이 우려되고 있다.

수소 시장도 본격적으로 커지고 있다. 골드만삭스는 2020년 9월

뉴욕 증시를 후끈 달군 수소 시장 전망 보고서를 발표했다. 이 보고서는 넷제로로의 전환 과정에서 청정 수소가 중심축이 될 것으로 분석한다. 그 결과 수소 발전이 화력발전을 대체하면서 2050년 수소 시장은 10조 유로(1경 3800조 원)로 성장할 잠재력이 있다고 전망했다.[5]

탄소 중립을 추진하기 위해 마련 중인 주요 각국의 재정 패키지도 이러한 전망에 힘을 실어 준다. 바이든 대통령은 탄소 중립을 위해 청정에너지 분야에 2조 달러(2400조 원)를 투자한다는 대선 공약을 추진하고 있다. EU는 2021~2030년까지 10년 동안 1조 유로(1380조 원)를 투자해 재생에너지로의 획기적인 전환을 이루고 고용도 창출한다는 계획이다. 2030년 이전에 탄소 정점을, 2060년 이전에 탄소 중립을 달성한다는 목표를 제시한 중국 역시 2060년까지 탄소 중립에 100조 위안(약 1경 8500조 원)이 넘는 투자가 이루어질 것이라는 전망이 나오고 있다.[6] 우리 정부도 2025년까지 73.4조 원을 그린 뉴딜에 투자해 탄소 중립 시기를 앞당기겠다는 계획이다.

돈이 몰리는 곳에 인재도 몰리고, 기술도 싹트며, 산업도 꽃핀다. 최근 실리콘밸리는 기후 기술(Climate Tech)로 들썩이고 있다. KOTRA에 따르면 인공지능에 이어 기후 기술이 벤처캐피탈의 최유망 투자 분야로 부상하고 있다. 그 결과 기후 기술에 벤처캐피탈 투자 자금이 몰리고 있다. 실리콘밸리의 기후 기술 관련 벤처기업으로 유입된 투자금은 2012년 10억 달러에서 2020년 160억 달러로, 불과 8년 만에 무려 16배나 증가했다. 기후 기술 관련 신생 스타트업이 속속 등장하는 가

운데 이들 유망 스타트업에 대한 아마존, 마이크로소프트 등 대기업
들의 투자도 끊이지 않고 있다.[7]

2   화석연료와의 결별

"한때는 선물이자 축복이었던 화석연료를
지금 우리는 왜 퇴출해야 하는 것일까……
이제 화석연료의 경제성에 대한 셈법이 달라졌다."

'탈탄소'가 가야 하는 길이라면, 이 길에서 우리는 무엇을 해야 할까. 답은 화석연료와의 결별이다. 탈탄소를 향한 21세기의 궁극적인 에너지 시프트는 우리의 삶에서, 그리고 우리의 에너지 경제 시스템에서 화석연료를 퇴출하는 것이다.

200여 년 전, 화석연료는 우리 인류에게 선물이자 축복처럼 다가왔다. 중세 시대까지만 해도 인류의 주요 에너지원은 나무였다. 17세기부터 석탄이 조금씩 나무를 대체하기 시작했지만, 본격적인 석탄 시대가 열린 것은 1차 산업혁명의 핵심인 증기기관이 등장하면서부터였다. 마차를 대체해 운송에 혁명적 전환을 가져온 증기기관차를 움직이는 원료가 다름 아닌 석탄이었다. 석유 시대는 2차 산업혁명의 핵심인 내연기관차와 함께 열렸다. 내연기관차를 움직이는 동력원으로 부상한 가솔린은 수요가 폭증했고, 공급을 늘리기 위한 에너지 업체들의 움직임은 분주해졌다. 석유는 석탄보다 매력 있는 에너지원으로 부상했고, 찬란한 석유 시대가 열렸다.

이와 같이 인류는 산업혁명을 계기로 화석연료를 본격적으로 개발해 쓰기 시작했다. 석유, 석탄, 천연가스 등 화석연료를 활용해 산업이 발전하고 경제가 성장하면서 삶의 질도 향상되었다. 생활의 편리를 극대화하고 삶을 윤택하게 만든 화석연료는 바로 인류 발전의 원동력이었다.

한때는 선물이자 축복이었던 화석연료를 우리는 왜 퇴출까지 해야 하는 것일까. 화석연료는 무엇보다 양적으로도 지속 가능하지 않을뿐더러, 질적으로도 온실가스 배출로 기후 위기를 초래하는 '태생적 한계'를 지녔기 때문이다.

화석연료의 한계

1_유한성과 편재성

에너지원으로서 화석연료의 근본적 한계는 유한성에서 시작된다. 땅속에 묻힌 화석연료는 근본적으로 유한하다. 따라서 급증하는 수요를 언제까지 감당할 수 있을지에 대한 근본적인 의문이 항상 뒤따랐다.

물론 이에 대한 반론도 있다. 1970년대 오일쇼크 당시만 해도 석유는 30년 후면 고갈될 것으로 예측되었다. 하지만 50년이 지난 지금도 석유는 고갈되지 않았다. 고갈되기는커녕 석유 매장량은 매년 꾸준히 증가하고 있다. 그 이유는 무엇일까.

매장량 증가의 마법을 알기 위해서는 석유의 '매장량(Reserves)'과 '자원량(Resouces)'의 차이를 먼저 이해할 필요가 있다. 땅속에 묻힌 석유의 양은 매장량과 자원량으로 나타낸다. 매장량이란 현재의 유가를 고려할 때 상업적, 기술적으로 회수할 수 있는 석유의 양을 지칭한다. 반면 자원량은 경제적인 고려 없이 기술적으로 생산이 가능한 석유의 양을 의미한다. 매장량은 석유의 현실적 가치, 자원량은 석유의 잠재적 가치에 해당하는 것이다.[8]

이는 석유의 매장량이 유가나 기술 발전 등에 따라 변화할 수 있음을 보여 준다. 탐사, 시추 및 생산 기술 등의 발전으로 인해 과거에는 확인하지 못했던 석유 자원이 확인되고 있다. 나아가 확인되어도 캐내 쓸 수 없었던 석유도 추출할 수 있게 되었다. 캐낼 수는 있어도 상업성이 없었던 석유 역시 유가 변동 등으로 상업성을 갖추게 되면 자원량에서 매장량으로 분류되기도 한다.

하지만 태양과 바람처럼 무한한 에너지원이 아닌 이상 매장된 자원인 화석연료는 언젠가는 고갈될 수밖에 없다.

에너지원으로서 화석연료의 또 다른 문제는 편재성으로부터 발생한다. 화석연료는 전 세계에 골고루 분포되어 있는 것이 아니라 특정 국가와 지역에 편재되어 있다. 특히 정치적으로 불안한 지역에 편재된 경향을 보이는 터라, 세계 각국은 제한되고 편재된 자원을 차지하기 위한 자원 확보 경쟁을 지속해 왔다. '자원의 정치화'로 인해 에너지 시장이 정상적인 기능을 상실하고 가격이 급등하는 일도 비일비재했다.

화석연료를 보유한 국가의 고질적인 갑질도 만만치 않다. 이와 같은 에너지 공급의 불안정성은 또다시 에너지 가격의 급등락으로 이어진다. 즉 '유한성'이라는 땅속의 문제도 심각하지만 '자원의 정치화'라는 땅 위의 문제는 더 심각하다.

2__친환경성의 부재

우리가 화석연료와 당장 헤어져야 하는 근본적인 이유는 유한성이나 편재성보다도 화석연료의 '질적' 측면에 있다. 화석연료야말로 연소하면서 이산화탄소를 배출해 온실효과를 일으키고, 그 결과 지구의 평균 기온을 상승시켜 기후변화를 초래하는 주범이기 때문이다.

석탄, 천연가스 등의 화석연료는 수억 년 동안 땅속에 매장되어 있던 생물체의 화석에서 유래한다. 땅속 깊은 곳에 묻혀 있던 탄소로 만들어진 탄소 화합물인 것이다. 따라서 석탄, 석유, 가스 등의 화석연료를 태우면 화석연료 속 탄소와 대기 중의 산소가 결합해 이산화탄소를 생성한다.

이산화탄소는 온실효과(Greenhouse Effect)를 일으키는 대표적인 온실가스다. 교토 의정서상 규제 대상인 온실가스는 여섯 가지[9]지만,

그중 약 80%를 차지하는 것이 이산화탄소다. 온실효과란 대기 중의 온실가스가 태양에너지를 지구에서 빠져나가지 못하게 잡아 둬 기온을 상승시키는 현상이다. 즉 화석연료를 태울 때 배출되는 이산화탄소는 온실의 유리창 같은 역할을 함으로써 지구의 평균 기온을 상승시킨다.

과학계는 지구의 평균 기온 상승으로 인류와 생태계에 치명적인 위기가 닥치리라고 거듭 경고하고 있다. 최근 IPCC 등을 중심으로 한 과학계는 지구의 평균 기온 상승 마지노선을 1.5도로 제시했다. 지구의 평균 기온이 1.5도 상승할 경우와 2도 상승할 경우, 인류와 생태계에 미치는 영향이 극명하게 다르기 때문이다. 지구의 평균 기온이 2도 상승하면 지금껏 경험하지 못한 일들이 일어나 지구는 회복 불가능한 상태가 될 것으로 전망하고 있다. 2021년 현재, 지구의 평균 기온은 산업화 시대 이전과 대비하여 이미 1~1.2도 증가한 상태다. 이러한 현실이야말로 국제사회가 더 이상 에너지 시프트를 미룰 수 없게 된 결정적 이유이자 불편한 진실이다.

3_경제성 저하와 사회적 비용의 증가

화석연료는 경제성 측면에서도 한계점에 달했다. 화석연료 사용으로 피해가 점점 커져 가는데도 이를 버리지 못했던 이유는 다양하다. 화석연료를 바탕으로 구축된 거대한 산업 인프라를 포기할 수 없을뿐더러, 청정에너지 개발 과정에서 해결해야 할 기술적 난관도 적지 않기 때문이다. 무엇보다도 상대적으로 저렴한 가격에 편리하게 이용할 수 있는 화석연료는 경제성 측면에서 매우 매력적이었다.

하지만 이제 화석연료의 경제성에 대한 셈법이 달라졌다. 첫째, 재생에너지의 경제성이 빠르게 개선되고 있다. 몇 년 후면 태양광과 육상 풍력의 발전 단가가 가스 화력발전보다 저렴해지고(이미 저렴해진 지역도 있다.), 석탄 화력발전과 비교해도 경쟁력을 갖게 될 것이라는 전망이 우세하다. 둘째, 더 중요한 변수는 화석연료의 환경 비용이다. 지구가 감내할 수 있는 수준을 넘어선 기후변화는 인간의 건강과 수명은 물론 생태계를 파괴시켜 감당하기 힘든 수준의 복구 비용을 초래하기 때문이다.

더욱 문제가 되는 것은 불평등하게 찾아오는 기후변화의 결과가 누구에게나, 어느 국가에나 결코 평등한 것이 아니라는 점이다. 기후변화에 대한 대응 능력, 적응 능력에 큰 격차가 있기 때문이다.

홍수가 날 때 가장 큰 피해를 입는 것은 저지대에 사는 사람들이다. 폭염이 지속될 때 가장 큰 피해를 입는 것은 경세적 취약층이다. 마찬가지로 기후변화에 가장 취약한 국가는 해수면 상승으로 직접적 피해를 입는 도서 국가나 적응 역량이 떨어지는 개발도상국일 수밖에 없다. 기후변화는 한 국가 내에서도, 국가 간에도 빈부 격차를 심화시킨다.

기후변화는 세대 간 불평등도 심화시킨다. 현세대가 다음 세대에 미칠 영향을 고려하지 않고 환경을 파괴한다면 그 대가를 치르는 것은 누구일까. 바로 우리 자녀들의 몫이다. 불평등하게 찾아오는 기후 변화는 계층 간, 국가 간, 세대 간 갈등을 심화시켜 사회적 비용을 급증시킬 것이다.

3   새로운 표준, 탈탄소

"탈탄소가 산업의 흥망성쇠를 좌지우지하며 기업의 운명까지
뒤흔들고 있다. 이미 이해관계자들은 움직이기 시작했다."

깨끗한 에너지만이 살아남는다

에너지 시프트 과정에서 궁극적으로 살아남을 에너지원과 기술
은 무엇일까. 우리는 어떤 에너지원을 선택하고, 어떤 에너지원을 버
려야 할까. 취사선택의 새로운 표준은 '탈탄소' 여부다.

에너지 생산과 사용에서 탈탄소의 길은 크게 두 가지다. 첫째는
깨끗한 에너지를 개발해서 광범위하게 사용하는 것이다. 우리가 궁
극적으로 지향하는 수소는 탄소 원자를 전혀 포함하지 않기 때문에
당연히 이산화탄소를 방출하지 않는다. 태양광, 풍력 등 태양이나 바
람으로부터 얻을 수 있는 재생에너지 역시 같은 원리로 이산화탄소
를 배출하지 않는다. 즉 이산화탄소를 배출할 우려가 없는 깨끗한 에
너지의 비중을 확대하는 것, 이것이 우리가 해야 할 탈탄소 에너지

(decarbonized energy)로의 시프트이다.

둘째는 과도기적인 방법으로, 화석연료를 완전히 포기하는 것이 아니라 화석연료를 깨끗하게 사용하는 기술을 개발하는 것이다. 에너지 시프트 과정에서 당분간 사용될 수밖에 없는 화석연료에서 발생하는 탄소를 잡아내서 깨끗하게 사용하는 청정 기술 등이 이에 해당한다. 최근 주목받는 대표적인 기술이 CCUS다. CCUS란 화석연료가 연소할 때 발생하는 이산화탄소를 포집해서(Carbon Capture), 필요한 곳에 사용하거나(Utilization), 영구 또는 반영구적으로 격리하는 (Storage) 기술이다. 한마디로 골칫거리였던 이산화탄소를 재활용까지 하는 대단한 기술이다. 화석연료로부터 탈탄소 에너지로 전환하는 이행기에 무엇보다 필요한 기술이다.

무역의 규칙이 바뀐다

탈탄소로 인해 무역 환경도 급변하고 있다.

우선 탄소 국경세가 몰고 올 파장이다. EU는 2023년부터 탄소국경조정제도(CBAM: Carbon Border Adjustment Mechanism)를 시범 운영 후, 2026년부터 전면 시행할 계획이다. EU는 이미 역내에서 탄소 배출을 강하게 규제하고 있다. 이로 인해 역내에서 생산되는 제품의 가격 경쟁력이 떨어질 수 있으니 가격차를 보전하기 위해 탄소 조정세를 부과하겠다는 것이다. 바이든 정부 역시 이 제도의 도입을 검토하고 있어 탄소 국경세는 시행 시기와 범위의 차이가 있을 뿐 피할 수 없는 현실이 되고 있다.

각국이 탄소를 빌미로 관세를 부가하는 형태의 통상 압박을 강화하면 기업은 어떤 영향을 받게 될까? 탄소 배출을 줄이기 위해 막대한 규모의 추가 인프라 투자가 불가피해진다. 제품 가격이 상승하는 것은 물론이다. 가장 직접적인 타격을 받을 업종은 철강, 석유화학, 시멘트, 알루미늄 등이다. EY한영 회계법인은 2030년 EU가 톤당 75달러의 탄소 국경세를 부과한다고 가정할 때, EU에 대한 철강 수출액의 12.3%를 탄소 국경세로 내야 할 것으로 추산한다. 한편 국내 업체를 포함한 세계 주요 철강사의 영업 이익률은 2018년 기준 최대 10%에 약간 못 미치는 수준으로 추정된다.[10] 이 두 가지 추정치를 종합하면, EU가 탄소 국경세를 공격적으로 부과할 경우 철강 업계는 배보다 배꼽이 커지는 상황에 직면한다. 버는 족족 탄소세로 다 내야 하는 상황이 된다. 수출 의존도가 높고 수출 산업의 탄소 집약도 역시 높은 우리 경제에는 충격적 수준의 영향이 불가피함을 짐작할 수 있다.

자동차 업계의 수출 환경도 격변하고 있다. EU는 2030년부터 신규 차량의 CO_2 배출을 2021년 대비 55% 줄이고, 2035년부터는 100% 줄인다는 방침이다. 이에 따라 2035년부터 등록하는 모든 신차는 탄소 배출량이 '0'이 될 것이다. 이는 2035년부터는 EU 역내에서 휘발유나 디젤 엔진이 장착된 자동차는 더 이상 판매를 금지한다는 사실상 '내연기관차 판매 금지령'이다. 미국도 2030년부터 판매되는 신차의 절반을 기존의 내연기관차가 아닌 무공해차로 재편하겠다는 계획을 발표했다.

자동차 기업들은 10년 후면 탄소를 뿜어 대는 내연기관차는 아예 팔 생각을 접어야 하는 상황이 된 것이다.

산업의 흥망성쇠와 기업의 운명을 결정하다

탈탄소는 산업의 흥망성쇠를 좌지우지하며 기업의 운명까지 뒤흔들고 있다. 탈탄소 움직임으로 인해 직격탄을 맞는 곳은 전통 에너지 부문이다. 각국 정부가 화석연료에서 청정에너지로 무게중심을 옮기면서 투자자들도 기존 화석연료 기업과 거리 두기에 들어갔다. 주식 시장의 움직임만 보아도 이러한 경향은 뚜렷하다.

미국의 S&P500지수의 산업 부문별 점유율 추이를 보면 20세기 경제를 이끌어 온 에너지 산업의 흥망성쇠가 그대로 드러난다. 2009년 3월 말, S&P500지수의 부문별 점유율 중 에너지는 13.0%로, 정보통신(18.0%), 헬스케어(15.1%)에 이어 3위를 차지했다. 11년이 지난 2020년, 에너지는 S&P500지수 부문별 점유율 순위에서 최하위로 추락했다. 점유율은 불과 2.4%에 불과했다. 정보통신(30.3%), 헬스케어(15.2%)에 이어 에너지를 대신해 3위를 차지한 분야는 금융(13.8%)이다.[11]

에너지 기업들의 흥망성쇠도 드라마틱하다. 2020년 9월, 엑손모빌이 다우존스 산업평균지수에서 퇴출되자 에너지 업계는 물론 산업계 전반에 긴장감이 돌았다. 2013년 글로벌 시가총액 1위 기업으로 등극하며 세계 최대 석유 기업의 위풍당당함을 과시하던 엑손모빌의 몸집은 불과 8~9년 만에 20분의 1 수준으로 쪼그라들었다.

한 달여 뒤인 2020년 10월, 뉴욕 증시에서는 믿기 어려운 장면이 또 한 번 연출됐다. 엑손모빌의 시가총액이 넥스테라 에너지(NextEra Energy)라는 신재생에너지 업체에 밀리면서 에너지 분야 시가총액 1위 자리마저 내준 것이다. 화석연료와 신재생에너지의 엇갈린 미래를 보여 주는 상징적인 사건이다.

기업의 성적표를 바꾸다

엑손모빌의 주가가 급락한 배경에는 물론 코로나 확산에 따른 유가 급락 등의 이유도 작용했다. 하지만 간과할 수 없는 또 다른 이유가 있다. 적극적인 탈탄소 경영을 요구하는 투자자들이 탄소 다배출 산업의 상징이자 미국 최대 에너지 기업인 엑손모빌을 겨냥하고 나섰기 때문이다. 엑손모빌은 석유를 채굴, 정제하는 과정에서 많은 온실가스를 배출한다. 투자자들은 엑손모빌의 지속 가능성에 의문을 제기하며 온실가스 감축과 신재생에너지로의 포트폴리오 다각화 등을 요구했다. 이에 대해 엑손모빌 경영진은 지나친 경영 간섭이라 반발하며 미온적으로 대응했고, 이는 투자자들로부터 외면당하는 계기가 되었다. 이해관계자들의 영향력을 여실히 보여 주는 사례다.

　　최근 주주자본주의(shareholder capitalism)의 종식을 알리는 움직임이 확산되는 가운데 이해관계자 자본주의(stakeholder capitalism)로의 전환이 주목받고 있다. 기업 경영이 주주뿐 아니라 고객, 근로자, 지역사회 등 기업을 둘러싼 모든 이해관계자의 이익을 중시하는 방향으로 나아가야 한다는 것이다. 이는 '기업은 왜, 무엇을 위해 존재하는가'라는 근본적인 물음과 관계된 부분이기도 하다.

　　이미 이해관계자들은 움직이기 시작했다. 그리고 강하게 목소리를 내고 있다. 특히 기관 투자자들은 앞으로 기업에 투자할 때 이 기업이 돈을 잘 버는지 여부만 평가하지 않겠다는 점을 명확히 하고 있다. 탄소를 내뿜으며 환경을 파괴하는 대가로 돈을 버는 기업, 노동자를 착취하며 돈을 버는 기업, 갑질과 횡포를 되풀이하는 대주주와 경영진이 있는 기업을 가려내, 이런 기업에는 투자를 하지 않겠다는 것이다. 이제 재무적 성과뿐 아니라 비재무적 성과까지도 기업의 성적표에 당당히 기재되기 시작했다.

4   도전과 응전: 에너지 강국으로의 기회의 창

"도전을 명확히 이해하고, 응전의 방향을 정확히 정하고,
그리고 그 응전의 과정에 빠르게 동참하라."

탈탄소 에너지로의 시프트는 방향도 획기적이지만 전환의 속도
역시 심상치 않다. 물론 일부에서는 탈탄소 에너지로의 진행 속도가
너무 느릴뿐더러 더 빠른 전환이 이루어져야 했었다는 의견도 있다.
재생에너지와 수소 에너지로의 전환에 대한 요구와 전환 움직임은 이
미 1970년대 오일쇼크 이후, 지구온난화에 대한 초기 경고가 나오기
시작했던 1980년대부터 있었다. 하지만 그 이행은 번번이 늦춰졌다.
뒤를 돌아보면 맞는 말이다. 하지만 앞을 바라보면 다른 평가를 할 수
있다.

최근 각국 정부나 글로벌 기업의 에너지 시프트 동향을 보면 '너
무 늦은' 대응 속도에 대한 우려를 불식할 정도로 거침없다. 적어도 이
제 화석연료와의 결별은 돌이킬 수 없는 반환점을 지났다. 탈탄소 에
너지로의 시프트는 미래가 아닌 현재다. 이미 가고 있는 길이다. 그 길

에서 에너지 시프트가 4차 산업혁명의 새로운 기술들과 만나면 폭발적인 시너지로 우리의 미래를 드라마틱하게 바꿀 것이다.

환경은 조성되었다

각국 정부가 에너지 시프트를 추진하기에 우호적인 환경도 조성되고 있다. 에너지 시프트에 대해서는 기존 화석연료 연관 산업의 저항이 적지 않았다. 하지만 최근 기업들은 빠르게 탈탄소 에너지로의 전환을 도모하고 있다. 화석연료 시대의 주역이었던 글로벌 석유 메이저들조차 석유 사업 비중을 낮추고 재생에너지 사업을 확대하고 있다. 프랑스의 토탈은 2021년 6월 수소 모빌리티 기업의 지분을 인수하며 신재생에너지 기업으로 변신을 꾀했다. 국내 에너지 기업들도 다양한 미래 전략으로 포트폴리오를 재편하고 있다. SK이노베이션은 정유 사업 비중을 줄이면서 전기차 배터리, 배터리 재활용 등의 친환경 사업에 적극 진출하고 있다.

지구환경을 위한 당위적인 측면 이외에도 에너지 전환의 과정에서 새로운 경제적 기회를 모색하는 움직임이 빨라지고 있다. 막대한 인프라 투자를 통해 고용을 창출하고, 기술 혁신을 이루고, 신성장 동력을 창출하여 탈탄소 에너지 시대의 승자가 되는 것은 통찰력과 과감한 결단력을 보이는 정부와 기업의 몫이다.

에너지 시프트에 대한 민심도 변하고 있다. 코로나 팬데믹은 지구촌의 모든 사람에게 기후 위기에 대한 경각심을 일깨우는 계기가 되었다. 2020년 4월, 《이코노미스트》에 화제의 카툰이 등장했다. 링 안에서 지구 선수가 코로나 선수에 맞서 땀을 뻘뻘 흘리며 싸운다. 하지만 이것은 전초전에 불과하다. 링 밖에는 기후변화라는 훨씬 더 덩치가 큰 다음 선수가 기다리고 있다.

설마 했던 기후 위기가 단지 상상 속의 일이 아니라 현실의 재앙으로 닥칠 수 있음을 자각하는 것, 기후 위기에 대한 냉철한 인식이야말로 에너지 시프트를 앞당기는 원동력 그 자체다.

에너지 강국으로의 기회의 창

모든 변화가 그러하듯 에너지 시프트에도 적지 않은 고통이 따른다. 전환 과정에서 해결해야 할 문제는 산적해 있다. 특히 우리나라는 에너지 시프트로 인한 빛과 그림자가 극명하다. 지구적 차원을 떠나 우리나라 입장에서 에너지 시프트의 빛과 그림자를 생각해 보자.

우선 우리나라가 과연 화석연료 시대에 어떤 강점을 가진 국가였는지를 냉정하게 생각해 볼 필요가 있다. 지금 50대, 60대 독자들이라면 자라면서 이런 말을 많이 들었을 것이다. '석유 한 방울 안 나는 나라에서 에너지를 아껴 써야지……'

우리는 화석연료 부존량이 거의 없는 탓에 필요한 에너지의 대부분을 수입해서 쓴다. 세계 4위의 석탄 수입국이자 원유 수입국. 세계 3위의 LNG(액화천연가스) 수입국. 에너지 수입 의존도 95%. 이것이 대한민국의 현주소다.

국가 재정의 대부분을 화석연료를 팔아 유지해 온 화석연료 보유국 입장에서야 아직 더 장사할 밑천이 있는데 영업 종료를 해야 하는 이 상황이 아쉬울 수 있다. 하지만 화석연료 자원 빈국인 우리나라가 뭐 그리 아쉬운 게 있을까 하고 생각할 수 있다.

반면 간과할 수 없는 또 다른 족쇄가 우리를 잡고 있다. 우리의 산업구조는 화석연료 의존도가 매우 높다는 점이다. 화석연료 없이는 경제가 굴러가기 어렵게 이루어져 있으니 화석연료와의 결별이 매우 고통스러울 수밖에 없다.

이런 구조에서 많은 양의 화석연료를 수입에 의존한 탓에 우리는 늘 국제 에너지 가격의 급등락에 민감할 수밖에 없었다. 지정학적 불안정성이 높은 국가들로부터 에너지를 수입하는 경우가 많아 공급 차질에 대한 불안도 적지 않았다. 에너지 안보의 우려가 상존했던 것이다.

우리와 비슷하게 화석연료 자원 빈국인 일본에서는 1, 2차 오일쇼크를 겪으며, '유상누각(油上樓閣)의 경제 성장'이라는 자조적인 말이 유행했다. 부서지기 쉬운 모래 위의 성처럼 기름 위에 세워진 무너지기 쉬운 경제 성장이라는 뜻이다.

가진 자원도 없고, 수입해다 쓰려니 가격은 불안정하고, 공급도 불안하다. 이런 상황이라면 결별의 고통은 크지만 우리가 화석연료에 그렇게 연연할 필요는 없는 것 아닌가.

화석연료가 지배적인 에너지였던 지난 200여 년 동안에는 자국 영토 내에 얼마나 많은 유형의 자원을 보유했는지에 따라 에너지 강국이 결정되었다. 이 시절의 기준인 석유, 석탄, 가스 등 땅속에 묻힌 자원 보유량을 기준으로 세계 각국을 줄 세운다면, 우리는 세계 최빈국 그룹에 속하는 나라다.

하지만 탈탄소 에너지 시대의 에너지 강국은 유형의 자원을 많이 가진 나라가 아니다. 혁신적인 에너지 기술과 친환경 기술 등 무형의 자원을 보유한 나라, 글로벌 시장에서 경쟁력과 선점 능력을 갖춘 국가가 에너지 강국이 될 것이다. 에너지 시프트야말로 우리에게는 에너지 강국으로 도약할 기회의 창이다.

해결해야 할 문제, 좌초 자산과 전환 비용

거듭 언급했듯이 에너지 시프트의 여정은 결코 탄탄대로가 아니다. 해결해야 할 수많은 난관이 있기 때문이다. 최근 에너지 시프트 논의에 자주 등장하는 용어가 있다. 다름 아닌 좌초 자산(stranded asset)이다. 좌초 자산이란 시장 환경의 변화로 인해 가치가 급격히 떨어져 부채로 전환된 자산을 의미한다. 즉 과거에는 경제성이 있어서 투자했지만, 상황이 바뀌면서 애물이 되어 버린 자산이다.

화석연료에서 탈탄소 에너지로 시프트되는 과정에서는 수많은 좌초 자산이 발생할 수밖에 없다. 석탄 화력발전소가 대표적이다. 온실가스를 줄이는 과정에서 가동률이 줄어드는 것은 물론, 재생에너지의 발전 단가가 낮아지면 가동률은 더욱 급감할 것이다. 게다가 석탄발전을 반대하는 시민단체의 목소리는 커지고, 투자자들은 석탄발전 프로젝트에서 투자금을 회수한다. 앞으로 30년은 끄떡없이 더 돌릴 수 있지만, 10년 후에는 문을 닫을 수도 있다. 조기 폐쇄, 말 그대로 좌초 자산이다. 2019년 영국의 금융 싱크탱크인 카본 트래커 이니셔티브(Carbon Tracker Initiative)는 한국은 좌초 자산화로 인한 손실이 세계에서 가장 높을 국가로 전망했다.[12]

정유, 조선, 석유화학, 자동차 등 화석연료를 기반으로 하는 산업과 철강, 시멘트, 플라스틱 등 온실가스를 대량으로 배출하는 산업은 최근 '좌초 위기 산업'으로 분류되는 불명예를 얻었다. 이는 단지 불명예에서 그치는 것이 아니라 기업과 국가의 사활이 걸린 문제다. 게다가 좌초 위기 산업으로 분류된 이들 산업이 제조업 전체에서 차지하는 비중은 생산액 기준으로 무려 약 40%에 달한다.

이런 산업이 탈탄소로 전환하는 과정에서 어떤 일이 발생할까. 가솔린이나 디젤로 움직이던 내연기관차가 전기차, 수소차로 바뀌면 엔진은 사라지고 배터리나 연료전지가 이를 대체한다. 주유소는 전기 충전소, 수소 충전소로 바뀐다. 철강, 시멘트 산업 등의 공정도 달라질 수밖에 없다.

이 과정에서 관련 부품을 납품하던 기존의 수많은 중소기업들은 어떻게 될까. 에너지 시프트 과정에서 이들 산업의 경쟁력이 저하되고 일자리가 줄어드는 사태를 과연 어떻게 방지할 것인가. 제조업과 에너지 다소비 산업 비중이 높은 우리나라가 어떻게 산업계의 타격을 줄이면서 에너지 시프트를 이룰지는 최대 과제라 할 수 있다. 그리고 이 과정에서 전환 비용을 어떻게 감당할 것인가에 대한 구체적인 대안 또한 절실히 필요하다.

응전의 방향이 미래를 결정한다

영국의 역사가 아널드 토인비(Arnold Joseph Toynbee)는 『역사의 연구』에서 개인이나 조직, 국가는 끊임없이 문세에 봉착하는데, 역사적으로 볼 때 외부의 도전에 효과적으로 응전했던 민족이나 문명은 살아남았고 그렇지 못했던 민족과 문명은 소멸했다고 말한다. 즉 문명의 흥망성쇠는 시대와 사회에 닥친 도전에 어떻게 대응했느냐에 따라 결정된다는 것이다.

21세기 현재 우리는 기후변화라는 거대한 도전에 직면해 있다. 토인비의 말처럼 인류의 흥망성쇠는 우리가 이 도전에 어떻게 응전해 나가느냐에 따라 결정될 것이다.

이 책은 우리 인류에게 닥친 기후변화라는 도전과, 그 도전에 대한 응전인 에너지 시프트의 과정을 다룬다. 그리고 우리가 이 응전을 통해 바꾸어 나갈 새로운 세계와 새로운 미래의 모습을 담을 것이다.

도전을 명확히 이해하는 것, 응전의 방향을 정확히 정하는 것, 그리고 그 응전의 과정에 빠르게 동참하는 것이야말로 지구의 미래는 물론 국가와 기업과 개인의 미래를 바꿀 것이다.

에너지 시프트:

탄소 중립 시대의 11가지 키워드

2

ENERGY
SHIFT

ENVIRONMENTAL ATTACK _____

NET ZERO ECONOMY _____

ESG _____

RE100 _____

GRID _____

YOUTH IN ACTION _____

STRANDED ASSETS _____

HYDROGEN SOCIETY _____

INNOVATION OF RENEWABLE ENERG

FOOTPRINT REDUCTION _____

TRANSPORT DECARBONIZATION _

1   환경의 역습 Environmental Attack

"재난은 사람을 가리지 않는다. 하지만 그 영향력까지
모두에게 같지는 않다."

2050, 거주 불능 지구

2020년 10월, CNN 방송은 기후 재난과 관련해 충격적인 사실
을 보도했다. 지난 20년간 자연재해가 믿기 어려운 수준으로 증가
했으며, 전 세계 지도자들의 결단 없이는 세계가 '거주 불능한 지옥
(uninhabitable hell)'으로 변할 것이라고 UN이 경고했다는 내용이다.

유엔 산하 재난위험경감사무국인 UNDRR의 보고서[1]에 따르면
2000년부터 2019년까지 전 세계적으로 발생한 홍수, 허리케인, 지진,
가뭄 등을 포함한 자연재해는 7348건에 달했다. 이로 인해 123만 명
이 목숨을 잃었고, 40억 명이 피해를 입었다. 경제적 손실은 무려 2조
9700억 달러(약 3564조)로 추정된다. 1980년~1999년까지 20년 동안
4212건의 자연재해가 발생해 1조 6300억 달러 규모의 경제적 손실

이 발생했던 것과 비교하면 거의 두 배로 증가한 수준이다.

지난 20년 동안 엄청나게 증가한 자연재해의 대부분은 홍수, 허리케인, 가뭄, 폭염, 산불 등 기후변화로 인한 것이었다. UNDRR은 보고서 서문에서 지구가 "수백만 명의 사람들에게 거주할 수 없는 지옥"으로 변하리라는 과학적 증거를 보면서도 우리가 파멸의 씨앗을 계속 뿌리고 있다는 사실은 매우 당혹스러운 일이라고 비판했다. 그리고 지구가 이런 상태가 되기까지 방치된 것은 명백히 전 세계 지도자들의 정책적 실패라고 지적했다.[2]

『2050 거주불능 지구』의 저자 데이비드 월러스 웰스 역시 특단의 대책 없이는 인류의 일상 자체가 종말을 맞이할 것으로 경고한다. 지구온난화는 지구와 자연을 파괴하지만, 가장 치명적인 영향을 받는 것은 인류로서, 이대로 간다면 비극적 종말을 맞이하리라는 것이다. 웰스가 제시하는 열두 가지 기후 재난을 살펴보자.[3]

1 　 살인적인 폭염

2 　 빈곤과 굶주림

3 　 집어삼키는 바다

4 　 치솟는 산불

5 　 '날씨'가 되어 버릴 재난들

6 　 갈증과 가뭄

7 　 사체가 쌓이는 바다

『거주불능 지구』라는 이 책의 제목은 사뭇 위협적이다. '한계치를 넘어 종말로 치닫는 21세기 기후 재난 시나리오'라는 부제는 더 위협적이다. 하지만 가장 위협적인 점은 그가 열거한 열두 가지의 기후 재난 중 어느 것도 우리에게 낯설지 않으며, 이미 익숙한 일상이라는 사실이다.

2050년, 앞으로 30년 후 우리는 어떤 모습으로, 어떤 지구에서 살고 있을까? 50대 중반인 저자는 30년 후면 80대 중반의 할머니가 되어 있을 것이고, 20대 초반인 딸아이는 50대 초반이 되어 10대 또는 20대의 자녀를 두었을 것이다. 2050년의 지구는 먼 미래가 아닌 우리 세대의 일이다.

그렇다면 인류가 기후 재난으로 인한 비극적 종말을 피할 길은 있는 것일까? 있다면 그 방법은 무엇일까? 이를 둘러싼 국제사회의 논의 동향을 살펴보도록 하자.

지구의 운명을 바꾸는 0.5도

지구온난화에 대한 경고는 1980년대부터 계속되었다. 반면 국제 사회의 대응은 미온적이었다. 야심 찬 시도는 간간이 있었지만 지리한 협상 끝에 뻔한 파행을 맞는 과정을 거듭해 왔다. 각국 정부는 정부대로, 산업계는 산업계대로 각자의 속셈과 손익에 따라 계산기를 두드리기에 여념이 없던 탓이다. 그리고 그 계산식에 지구환경이나 미래 세대의 권리는 포함되어 있지 않은 듯했다.

국제사회의 기후변화 대응에서 일보 진전한 의미 있는 합의가 이루어진 것은 2015년 파리 기후회의(COP21)[4]에서다. 세계 각국은 이 회의에서 파리 기후변화협정을 채택했는데, 이 협정은 산업화 이전(1850~1900년) 대비 지구의 평균 기온 상승폭을 2도보다 훨씬 낮게, 가능하면 1.5도 아래로 억제할 수 있도록 온실가스를 줄이는 내용을 담고 있다.

이 논의와 관련하여 유의미한 두 편의 보고서를 살펴보자. 첫 번째는 2018년 IPCC라는 기관이 발간한 「지구온난화 1.5도 특별보고서」[5]이다. 2018년 IPCC 총회에서는 지구의 평균 기온 상승폭을 '2도'로 억제해야 하는지 '1.5도'로 억제해야 하는지를 둘러싼 치열한 논의가 벌어졌다. 그 결과 지구가 파국으로 치닫는 상황을 막기 위해서는 지구의 평균 기온이 1.5도 이상 상승하지 않도록 제한해야 한다는 주장이 회원국의 만장일치로 통과되었다.

'지구의 평균 기온 상승폭을 2도, 가능하면 1.5도로 제한해야 한다.'는 이 부분은 매우 주목할 만하다. 1.5도와 2도, 불과 0.5도 차이다. 독자들은 0.5도니, 1.5도니, 2도니 하는 미세한 숫자 차이에 실망할지도 모른다. 10도도 아니고 1.5도, 2도 오르는 것이 뭐 그리 대수일까, 1.5도와 2도 차이가 의미가 있나 하는 생각이 들지도 모른다. 우리에게는 단 0.5도의 미세한 차이로 보이지만 전문가들에 따르면 결과의 차이는 매우 크다.

2도와 1.5도, 이 0.5도의 차이가 과연 어떤 다른 결과를 가져온다는 것일까? IPCC는 지구 평균 기온이 1.5도 상승에 그치면 2도 상승할 경우보다 생물종의 멸종 비율을 2~3배 낮출 수 있으며, 북극 빙하의 녹는 속도 역시 10배 정도 줄어들 것으로 예측한다. 또한 빈곤에 취약한 인구가 수억 명, 심각한 물 부족에 노출되는 인구 비율도 최대 50% 감소한다고 말한다. IPCC는 단 0.5도가 확고한 차이를 가져올 것이라 확신하며, 앞으로 산업화 이전 대비 평균 기온 상승폭을 1.5도까지 제한하는 것이 인류의 마지노선이라 주장한다.

두 번째는 세계기상기구(WMO)가 2021년 발간한 「2020 글로벌 기후 현황」[6] 보고서다. 이에 따르면 지구 기온은 산업화 이전보다 현재 약 1.2도 높아진 상태이다. 그렇다면 이제 우리 인류에게 남은 것은 몇 도일까? 0.3도다.

이 두 보고서에 따르면 인류의 마지노선까지는 약 0.3도 남았다.

기후변화의 결과는 모두에게 같지 않다

재난은 사람을 가리지 않는다. 코로나 팬데믹을 겪으며 많이 들었던 말이다.

이 말은 기후변화에도 똑같이 적용된다. 기후변화는 누구에게나 평등하다. 우리가 지구 생태계를 공유하고 있기 때문이다. 따라서 지구를 떠나지 않는 한, 그 누구도 기후변화로 인한 피해를 피할 수는 없다. 분명 맞는 말이다. 하지만 그 영향력까지 모두에게 동등하다고 할 수 있을까? 결론적으로 말하면 그렇지 않다. 기후변화로 인한 피해는 우리 모두의 몫이지만, 그 몫의 정도는 다르다. 모든 사람이 같은 수준의 피해를 받는 것은 아니라는 말이다.

유엔 특별 보고관 필립 앨스턴(Phillip Alston)은 2019년 유엔 인권이사회(UNHRC)에서 발표한 보고서에서 기후변화가 2030년까지 1억 2000만 명을 새로운 빈곤 상태에 몰아넣을 수 있고, 이는 특히 극빈층과 최빈국에 더 큰 영향을 미칠 것이라고 주장했다.[7] 그는 2012년, 뉴욕 역사상 최악의 자연재해라고 평가되는 허리케인 샌디를 단적인 예로 든다. 피해액만 70조 원에 달하는 재난이었다. 당시 수천 명의 저임금 노동자와 빈민층은 전기도 끊기고 제대로 된 의료 조치도 받지 못한 채 어둠 속에서 떨어야 했지만, 맨해튼의 골드만삭스 본사는 수만 개의 모래주머니를 설치하고 자체 발전기를 돌리며 업무를 계속했다.[8]

기후 재난이 빈곤층에게 더 큰 피해를 끼친다는 사실은 어찌 보

면 당연하다. 빈곤층은 태풍, 홍수, 해수면 상승 등 각종 기후 위기에
더 취약한 환경에 거주할뿐더러 기후 재난의 후폭풍을 감당할 경제
력도 없다. 반면 부유층은 재난에서 상대적으로 안전하고 안락한 환
경에서 생활하며, 재난으로 곡물 값과 물 값, 전기 요금이 오르더라도
이를 감당할 경제력이 충분하다. 부유층이 기후 재난에 더 효과적으
로 대응할 수 있는 것이다.

최근에는 기후 젠트리피케이션(Climate gentrification)이라는 용어
까지 등장했다.[9] 젠트리피케이션이란 낙후 지역에 고급 상업 및 주거
단지가 들어서면서 중산층 이상의 계층이 유입되고 기존의 저소득층
원주민은 떠나는 현상을 일컫는 말이다. 낙후 지역에서 갑자기 뜨게
된 동네나 상권에서 주로 발생했던 이 현상이 기후변화로도 일어나게
되었다. 부자들이 기후변화로 인한 해수면 상승으로 침몰 위험이 높
아진 해안 지역에서 떠나 안전한 고지대로 대거 이동함으로써 고지대
의 원주민들이 위험한 해수면 지역으로 내몰리고 있는 것이다.

기후변화의 불평등은 결과에만 국한되지 않는다. 기후변화의 원
인을 보면 더 극심한 불평등이 존재한다. 국제구호개발기구 옥스팜과
스톡홀름 환경연구소가 발간한 보고서를 보자. 1990년부터 2015년
까지 25년간 전 세계의 누적 탄소 배출량은 2배나 증가했다. 그런데
그중 절반 이상(52%)을 세계 소득 상위 10%의 부유층이, 15%를 소
득 상위 1%가 배출했다. 소득 하위 50%의 사람들의 탄소 배출량은
7%에 불과했다. 소득 상위 1%의 사람들이 소득 하위 50%의 사람들

보다 2배 이상의 탄소를 배출한 것이다. 1인당 배출량으로 보면 소득 상위 1%가 하위 50%의 무려 100배가 넘는 탄소를 배출했다.[10]

사다리 걷어차기

기후변화에서 부유층과 빈곤층의 불평등 문제는 선진국과 개도국에도 적용된다. 따라서 작금의 기후변화 사태를 초래하는 데 '기여분'이 적은 개도국들이 선진국과 책임을 공유해야 하는지의 문제가 제기된다. 이 쟁점은 글로벌 기후 협상이 시작된 초창기, 즉 교토 의정서 협상 때부터 끊임없이 제기되어 왔다.

기후 협상에서는 미국과 EU 등 선진국 간의 갈등도 크지만, 최대 쟁점은 늘 선진국과 개도국 간의 갈등이었다. 선진국은 모든 국가가 공동의 책임을 가지고 함께 온실가스를 줄여야 한다고 주장한다. 반면 개도국은 산업혁명 이후에 화석연료를 펑펑 때면서 경제를 성장시키고 그 과실을 향유해 온 것은 선진국인데, 이제 경제 발전을 시작하려는 개도국이 왜 함께 온실가스를 줄여야 하냐며 펄쩍 뛴다. '풀코스 식사에 디저트 먹을 때쯤 도착했는데, 나올 때 밥값은 똑같이 나누어 내자고 하는 격'이라는 것이다.

치열한 협상 끝에 타협안으로 제시된 것이 바로 CBDR 원칙이다. CBDR(Common But Differentiated Responsibility), 즉 '공동의 책임

이되, 그 책임의 정도는 차별화한다.'는 것이다. 국제사회는 1992년 기후 협상에서 선진국과 개도국의 차별적 책임을 인정하는 CBDR 원칙을 도입했고, 이후 이것은 개도국들의 강력한 협상 카드가 되었다.

CBDR 원칙에 따라 국제사회는 1997년 교토 의정서를 체결하면서 선진국들이 우선적으로 온실가스를 줄이고, 개도국에는 일정 기간 면죄부, 즉 온실가스 감축 의무를 면제해 주는 방향으로 합의를 이루었다. 하지만 2001년 미국 부시 행정부가 교토 의정서 탈퇴를 공식 선언하면서 퇴장해 버리는 바람에 교토 의정서 합의는 허울뿐인 상태로 남게 되었다. 명맥만 유지해 오던 기후 협상은 2015년 파리 기후회의를 계기로 새로운 전환기를 맞이하는데, 파리 기후변화협정에서도 CBDR 원칙은 계승되었다. '차별적 공동 책임과 각자의 능력 (CBDR-RC)'의 원칙이다.

기후 협상 초기 시점에서 30년이 지난 현재에는 또다시 많은 변화가 생겼다. 지난 30년간 개도국들의 탄소 배출량은 급증했고, 중국이 압도적인 세계 최대 온실가스 배출국으로 등장하면서 기후변화 사태에 대한 기여분이 급증했다.

따라서 이제 선진국들은 개도국들의 차별적인 책임을 더 이상 용납하기 어렵다는 입장이다. 2021년 7월 EU가 내놓은 탄소국경조정제도 법안에는 개도국에 대한 면제나 감면 등의 언급은 찾아볼 수 없다. 개도국들은 이와 같은 선진국들의 온실가스 감축 요구에 '사다리 걷어차기[11]라며 거세게 저항하고 있다. 탈탄소 경제로의 시프트 과정에서 선진국과 개도국 간의 갈등이 다시 한번 불거질 수밖에 없다.

2   넷제로 경제 Net Zero Economy

"0을 향한 인류의 위대한 행진"

새로운 경제 질서로 부상한 넷제로

2020년을 전후로 세계 주요 각국은 경쟁적으로 넷제로를 선언하며 에너지 전환의 본격적인 시작을 알렸다. 가장 먼저 포문을 연 것은 EU이다. 2019년 12월, EU는 유럽 그린 딜(European Green Deal)을 발표하면서 2050년까지 탄소 중립 목표를 제시했다. 이어서 2020년, 중국이 2060년까지 탄소 중립을 이루겠다며 예상을 뛰어넘는 선언을 해 분위기를 달구었다. 뒤이어 일본과 우리나라가 2050년 탄소 중립 목표를 선언했고, 여기에 2021년 출범한 바이든 정부의 미국도 가세했다. 이로써 전 세계 경제 규모의 3분의 2가 넘는 국가가 탄소 중립에 동참했다. 탄소 중립은 새로운 경제 질서로 부상했고, 넷제로를 향한 세계 각국의 위대한 행진이 시작되었다.

넷제로란 탄소의 배출량과 흡수량을 같게 해 탄소의 실질적인 순배출량을 '0'으로 만든다는 개념이다. 탄소의 실질 배출량을 어떻게 0으로 만드는 것일까. 우선 탄소 배출량을 최대한 줄인다. 둘째, 그럼에도 배출된 탄소는 조림 사업 등을 통해 흡수하거나 탄소 포집 기술 등을 활용해 제거한다. 이렇게 배출량과 흡수량을 같게 해 실질 배출량을 0으로 만드는 것이다.

이론적으로는 간단해 보인다. 하지만 이는 지극히 어려운 도전이다. 역사상 인류가 직면했던 수많은 도전 중 가장 난이도가 높지 않을까 싶다. 탄소 배출량은 줄이기도 어려울뿐더러 탄소를 흡수하기도 만만치 않고, 제거하는 데도 기술적, 경제적 한계가 있다.

한국 정부는 2020년 10월 탄소 중립을 선언한 지 1년 만에 '2050 탄소 중립 시나리오 최종안'을 내놓았다. 정부가 제시한 것은 A안과 B안 두 가지다. 둘 중 하나를 고르는 것이 아니라, 두 안 모두를 향후 정책 수립의 가이드라인으로 삼는다는 방침이다. 두 안 모두 2050년 넷제로를 전제로 한다는 점에서는 동일하다. 하지만 세부적인 달성 방법에는 차이를 보인다. 주요 차이점을 살펴보자.

전환(발전) 부문의 경우, A안은 2050년까지 모든 화력발전을 전면 중단한다. 이는 탄소 배출 자체를 최대한 줄이는 방안이다. B안은 화력발전 중 석탄발전은 중단하되, 액화천연가스 발전은 일부 남긴다. 대신 탄소 흡수와 제거 등에 신기술을 적극적으로 활용해 보완하는 방안이다.

수송 부문의 경우, A안은 2050년까지 내연기관차를 전기차와 수소차 등으로 97% 이상 전면 전환하는 방안이다. B안은 전기차와 수소차로 전환하되 바이오 연료, 암모니아 연료, 재생 합성 연료(E-fuel) 등의 대체 연료 사용을 전제로 내연기관차의 일부(15% 미만)를 남긴다.

같은 날, 정부는 국가 온실가스 감축 목표(NDC)도 상향할 방침임을 발표했다. 2030년 온실가스 감축 목표를 기존의 2018년 대비 26.3%에서 40%로 대폭 상향한다는 내용이다.

2050, 탄소 중립 시나리오의 현실

탄소 중립을 향한 위대한 행진에 동참하기 위한 정부의 야심 찬 방안에 대한 반응은 어떨까. 국내 주요 언론사의 보도를 종합해 보면,[12] 불만족스러운 반응 일색이다.

에너지 업계는 화력발전과 원자력발전을 모두 배제한 채 신재생 에너지 위주로만 급속히 전환하는 것에 우려를 표명한다. 이 경우 전력 생산이 불안정해질뿐더러 큰 폭의 전기 요금 인상이 불가피하며, 전력 품질 저하에 따라 산업계에 미치는 영향도 피할 수 없다는 것이다.

산업계는 탄소 중립으로 급속히 전환하는 데 따른 제조업의 경쟁력 저하와 일자리 감소를 우려한다. 또한 정부가 전환 과정에서 막대한 전환 비용을 어떻게 감당할 것인가에 대한 계획도, 산업계에 대한 구체적인 지원 방안도 없음을 지적하며 전면 재검토를 요구했다.

학계는 아직 상용화는커녕 연구 개발 초기 단계에 있는 기술들로 즐비한 탄소 중립 시나리오는 기술적 대안 없는 장밋빛 청사진이라고 비판한다.

환경 단체는 정부가 내놓은 온실가스 감축안이 기후 위기를 막기에는 근본적인 한계가 있다고 질타하면서 시나리오의 전면 재수립을 요구한다. 탈석탄의 시점이 명시되지 않은 점, 상용화되지 않은 미래 기술을 나열하고 있을 뿐 감축 경로가 불분명하다는 점 등도 비판점이다.

에너지 업계, 산업계, 학계, 환경 단체를 관통하는 공통의 불만 사항도 있다. 졸속, 깜깜이, 충분한 의견 수렴의 부족 등 절차상의 문제를 지적하고 있다.

마지막으로 가장 중요한 일반 국민들의 반응은 어떨까. 한마디로 '잘 모른다.'이다. 탄소 중립이 뭔지, 온실가스 감축을 어떻게 한다는 것인지, 그 결과 나의 일자리에, 나의 삶에 어떤 영향이 미칠지 잘 모른다는 것이다. 이 상태로라면 '0을 향한 위대한 행진'은 '0을 내세운 고난의 행군'으로 끝날 수 있다.

넷제로를 이루기 위해서는 기존의 화석연료에서 탈피해 재생에너지 등의 탈탄소 에너지로 에너지원을 전환하는 것은 물론 산업, 수송, 빌딩 부문 등에서도 지금까지의 혁신을 뛰어넘는 초혁신적인 기술

도입이 수반되어야 한다. 이제까지의 생산 방식에 전면적인 전환이 필요한 것은 물론 삶의 방식에도 근본적인 변화가 불가피하다.

따라서 넷제로로 가는 길에는 수많은 난관과 저항이 뒤따를 수밖에 없다. 그 양상은 다양할 것이다. 국내 정치적 차원에서도, 국제 정치적 차원에서도, 기술적 차원에서도 끝없이 새로운 난관에 부딪힐 것이다. 또한 이해관계를 앞세운 저항에서 그저 변화가 싫은 저항에 이르기까지, 다양한 국면에서 저항이 뒤따를 것이다.

그럼에도 역사는 탈탄소로의 전환이라는 방향으로 흘러갈 것이다. 우리는 넷제로라는 목적지에 도달하기 위해 어떤 길을 선택하고, 어떻게 가야 하는 것일까. 이 점은 3부에서 논의하고, 먼저 다른 주요 국가들의 넷제로 정책을 살펴보자.

EU: 그린 딜과 핏 포 55

넷제로 레이스의 선두를 달리는 것은 EU다. EU는 2019년 12월 '2050 탄소 중립'이라는 목표를 제시한 유럽 그린 딜을 발표했다. 목표 달성을 위해 1차로 2030년까지 10년간 1조 유로(약 1380조 원)의 통 큰 투자를 예고했다. 4대 핵심 분야는 재생에너지, 산업, 교통, 건축 부문이다. 집중 투자를 통해 산업, 교통, 건축 분야에서 재생에너지 비중을 획기적으로 늘리고 효율을 개선해 넷제로 레이스에서 경쟁 우위를 확고히 한다는 전략이다. 계획대로라면 현재 약 32%인 EU의 재생에너지 발전 비중은 2030년 65% 이상으로 증대된다.

2021년 7월에는 '핏 포 55(Fit for 55)'[13]라는 입법안 패키지를 발표했다. EU는 이 입법안을 통해 2050년 탄소 중립 달성을 위한 중간 목표를 명시하고, 구체적인 정책 수단을 제시했다. 우선적으로 주목할 사항은 중간 목표를 상향 조정한 것이다. EU는 2030년까지 온실가스 배출을 1990년 대비 40% 감축하기로 했던 기존 목표를 55%로 높였다. 그리고 더 빨라지고 강화된 목표 달성을 위해 탄소 배출에는 더 강력한 규제를, 저탄소 기술 개발에는 더 큰 투자를 예고했다. 넷제로 레이스의 주도권을 잡기 위해 가속 페달을 밟겠다는 의지를 가감 없이 드러낸 것이다. 방대한 입법안 중 우리 산업과 기업에 미치는 영향을 고려할 때 특히 주목할 만한 내용은 크게 세 가지다.

첫째는 내연기관차에 대한 규제 강화다. '핏 포 55'는 2035년부터 사실상 EU 역내에서 내연기관 자동차 판매를 금지하는 강력한 배기가스 규제를 담았다. 이 조치가 국내 업계에 미칠 영향은 어떠할까? EU는 미국(44%) 다음으로 국내 자동차 수출의 19%를 차지하는 큰 시장이다.

국내 관련 업계의 셈법은 복잡하다. 우선 EU의 규제가 시점과 강도가 달라졌을 뿐 방향은 이미 제시되어 있었기에, 이에 맞추어 전동화를 준비해 온 기업에는 긍정적으로 작용할 전망이다. 친환경 미래 모빌리티에 강점을 보이는 현대차 그룹은 2025년부터 제네시스의 모든 신차를 전동화 모델로 출시, 2030년까지 8개 차종의 전기차 라인 업을 완성한다는 비전을 제시하며 자신감을 피력했다.

하지만 9000여 곳에 이르는 자동차 부품 업체[14] 중 미래차 주요 부품 생산 업체는 210곳(2.3%)에 불과하다는 통계는 전동화 과정에 서 일어날 자동차 업계의 혼란과 진통을 예고한다. 게다가 부품 업체 의 고용 인원만도 약 22만 명으로 제조업 전체의 6%에 달한다.[15]

둘째는 EU 배출권 거래제도(EU-ETS : Emission Trading Scheme) 의 개정과 항공, 선박 부문에 대한 탄소 배출 규제 강화다. 이번 개정 으로 그동안 대상에서 면제되었던 해운업이 ETS에 신규 포함된다. 또한 그동안 적용된 항공 업계의 무상 할당도 2036년까지 단계적으 로 폐지된다. 여기에는 탄소를 많이 배출하는 선박과 항공기 연료에 탄소세를 부과함으로써 장기적으로 화석연료를 바이오 연료보다 비 싸게 만든다는 의도가 내포되어 있다. 이와 함께 항공유에 지속 가능 연료(SAF : Sustainable Aviation Fuel)의 혼합 사용 의무를 예고하고, 선 박 연료의 온실가스 배출량 제한 등을 시사했다.

지속 가능 연료의 혼합 사용 의무는 EU발 항공기로 제한하였기 때문에 국내 항공 업계에 즉각 큰 영향을 미치지는 않을 것으로 보인 다. 하지만 EU뿐 아니라 미국도 지속 가능 연료의 혼합 사용 규제를 강화하고 있어, 앞으로 연료비 비중이 높은 항공사의 비용 부담이 급 증할 것이다.

국내 조선 업계에는 해운 부문의 탈탄소화가 긍정적으로 작용할 것으로 기대된다. 중장기적으로는 무탄소 연료(수소, 암모니아 등) 선박의 개발 경쟁이 가속화되겠으나, 과도기에는 국내 업체들이 압도적 우위를 지니는 LNG 추진선에 대한 수요가 늘어날 것으로 전망되기 때문이다.

셋째는 탄소국경조정제도(CBAM)의 도입이다. CBAM이란 EU에 수입되는 물품에 대해 탄소 배출량에 따라 세금을 부여하는 제도이다. 2023년부터 철강, 알루미늄, 시멘트, 비료, 전기 등 5개 분야에 우선 시행한 후 2026년 전격 도입할 예정이다.

CBAM이 도입되면 EU의 수입업자가 수출 기업에 탄소 비용을 전가할 수 있어 해당 산업의 수출 경쟁력 약화가 불가피하다. 대외경제정책연구원의 분석에 따르면, CBAM이 적용될 경우 가장 큰 영향을 받는 것은 철강 산업으로, 무엇보다 철강 산업의 수출 경쟁력 약화가 우려된다고 전망하고 있다.[16]

이에 더해 EU의 '그린 딜'과 '핏 포 55'에서 주목할 부분은 에너지 시프트 과정에서 무엇보다도 '공정 전환(Just Transition)'을 강조한다는 점이다. 탈탄소 경제로의 전환 과정에서 화석연료 및 내연기관 차량 관련 산업, 에너지 다소비 산업 등은 산업의 쇠퇴, 사업 축소, 일자리 감소 등 적지 않은 타격이 불가피하다. EU는 해당 산업과 관련 업종 종사자들의 피해를 최소화하기 위해 업종 전환, 교육 및 직업 훈련 등을 적극 지원하겠다는 방침으로 2025~2032년 동안 약 722억 유로의 예산을 편성했다.[17]

미국: 바이든 행정부의 청정에너지 정책

바이든 행정부의 출범으로 국제사회의 넷제로 전환은 본격적인 레이스에 돌입했다. 바이든 행정부는 미국의 탄소 감축 목표를 강화하는 한편 넷제로를 향한 구조 전환을 가속화하고 있다.

2021년 1월 20일, 미국 46대 대통령으로 취임한 바이든 대통령은 취임 첫날부터 트럼프 전 대통령이 탈퇴했던 파리 기후변화협정에 복귀하는 행정명령에 서명함으로써 트럼프 정부의 기후변화 정책을 뒤집고 미국의 변화를 예고했다.

바이든 행정부의 기후변화 정책 방향은 취임 일주일 후인 1월 27일의 백악관 언론 브리핑[18]에서 잘 드러난다. 첫째, 기후변화는 '우리의 생존을 위협하는 명백한 위험'으로, 기후 위기를 미국의 외교와 국가 안보의 중심에 놓는다. 둘째, 세계가 이 재앙을 피하기 위한 시간이 얼마 남지 않았다는 인식을 바탕으로, 늦어도 2050년 이전까지 넷제로를 달성하는 것이 필요하다. 셋째, 넷제로를 달성하는 과정에서 현대화되고 지속 가능한 인프라를 구축하고, 평등하고 깨끗한 에너지의 미래를 만들면서, 양질의 고소득 일자리를 창출한다.

청정에너지 기술과 인프라에 대한 투자를 통해 양질의 일자리를 창출하고 경제 성장을 촉진하겠다는 바이든 행정부의 구상은 대선 후보였던 2020년 7월 '청정에너지 계획'[19]을 통해 드러난 바 있다. 재임 기간 동안 청정에너지 계획에 2조 달러(2400조 원)라는 막대한 자금을 투입하고, 재원은 법인세 인상과 경기 부양을 통해 마련한다고 예고한 것이다.

우리 산업과 기업에 미치는 영향을 생각할 때 바이든 행정부의 넷제로 정책은 다음의 세 가지 측면에서 주목할 만하다.

첫째, 빠르게 진행되고 있는 전력 부문의 탈탄소화다. 바이든 행정부는 2035년까지 전력 부문 넷제로를 달성한다는 과감한 목표를 세우고 있다. 앞으로 13년 이내에 전력 부문에서 탄소 배출을 없애겠다는 목표인데, 다소 야심 차게 느껴지지만 불가능하지는 않아 보인다. 미국 전력 부문의 탄소 배출량은 지난 10년간 빠르게 감소했다. 2011년 21억 톤에서 2020년 14억 톤으로 10년 동안 무려 35%가 줄어든 것이다. 석탄발전소를 폐지하고 가스 발전을 늘린 결과다. 미국은 2035년까지 가스 발전의 75%를 풍력 및 태양광발전으로 대체하고, ESS(에너지 저장 장치), 그린 수소, SMR(소형 모듈 원자로) 등 신기술을 활용해 가스 발전량의 나머지 25%까지도 대체한다는 계획이다.[20]

이 계획이 무리 없이 느껴지는 또 하나의 이유는 이미 미국이 재생에너지 분야에서 기술 및 가격 경쟁력을 갖추고 있기 때문이다. 미국의 MWh당 발전 비용을 비교해 보면 태양광 및 육상 풍력의 발전 단가는 2020년 기준으로 석탄 및 천연가스 발전 단가보다 낮은 상태다.[21] 태양광이 전력 부문 탈탄소화의 구원 투수로 떠오르는 이유다.

2021년 9월, 미국 에너지부는 전력 부문 넷제로의 구체적인 달성 방안으로 2035년까지 태양광발전 비중을 현재의 10배가 넘는 40%

수준까지 확대하겠다는 공격적인 계획을 발표했다.[22] 이 계획이 현실화되면, 2035년 미국의 모든 가정은 태양광으로 전력을 공급받게 된다. 태양의 나라 미국으로 변신하는 것이다. 이 과정에서 150만 명의 고용 창출도 가능하리라는 전망이다.

물론 난관도 있다. 이 목표치를 달성하기 위해서는 매년 막대한 규모의 태양광발전기를 보급해야 하지만 미국의 국내 제조 용량은 이에 훨씬 못 미치는 수준이다. 하지만 해외 태양광 관련 기업 입장에서 보면 이는 난관이 아닌 기회다. 미국에 거대한 태양광 시장이 생기는 것으로, 더할 나위 없는 기회의 장이다. 그 수혜를 태양광 최대 생산국인 중국이 받게 될 것이라는 관측도 있다. 한편 태양광발전의 급격한 확대를 미국의 노후화된 그리드가 감당할 수 있을지도 또 하나의 난관이다.

둘째, 수송 부문의 혁신적 전환이다. 바이든 대통령은 2021년 8월, 2030년부터 미국 내에서 신규 판매되는 차량의 50%는 전기차와 수소차 등 친환경차여야 한다는 행정명령에 서명했다. 2035년부터 내연기관차의 역내 판매를 금지한 EU에 비해서는 미약한 수준이지만, 2020년 미국의 전기차 판매 비중이 2% 수준임을 고려하면 파격적인 조치다.

바이든 대통령은 "자동차 산업의 미래는 전기다. 돌아갈 수 없다."라며 속도전에 들어갈 것임을 천명했다. 미국 전역에 50만 곳의 전기차 충전소를 설치하는 등 인프라 투자를 강화하고, 배터리 공급 사슬을 포함해 미국 내 전기차 산업 생태계 구축을 가속화한다는 방침이다. 트럼프 행정부가 유명무실하게 만들었던 자동차 연비 규제도 대폭 강화해 전기차 시장 성장의 발판을 마련했다.

규제만 하는 것은 아니다. 전기차 구매 보조금 확대라는 유인책도 강화할 방침이다. 이는 선제적으로 미국 내 전기차 배터리 합작 공장을 건설한 K-배터리 관련 업체에 호기로 작용하리라고 전망된다.[23]

셋째, 넷제로 추진 과정에서 미국 국내 산업의 경쟁력을 제고하기 위한 자국우선주의와 보호주의 정책이다. 바이든 대통령은 취임 초부터 정부 조달 규정을 강화해 미국산 제품 구매를 촉진하는 '바이 아메리칸(Buy American)' 정책을 밀어붙였다. 글로벌 공급망을 재편해 반도체, 배터리, 희토류, 의약품 등 핵심 산업의 자국 생산을 촉진한다는 것이다. 예를 들어 미국 내에서 생산된 배터리와 전기차에 각종 세금 혜택과 인센티브를 제공한다.

EU의 탄소국경조정제도 도입과 맞물려 미국 역시 해외의 탄소 집약 상품에 관세를 부과하는 탄소 국경세 시행을 예고하는 등 통상 정책과 연계한 보호주의 경향 역시 강화되고 있다. 한국은행은 EU와 미국의 탄소 국경세가 도입되면 탄소 집약도가 높은 우리나라의 수출 산업에 타격이 불가피하리라고 전망한다. 특히 우리 기업의 수출 비중이 더 큰 미국이 탄소 국경세를 도입할 경우 부정적 영향은 더 클 것으로 예상한다.[24]

중국: 2060 탄소 중립, 신재생에너지 대국 될까

2020년 9월, 중국은 국제사회의 탄소 중립 움직임에 본격적으로 동참할 것을 표명했다. 2000년대 이후 중국은 세계의 공장으로 부상하면서 에너지를 폭식하고 자원을 싹쓸이해 왔다. 그 결과 21세기 온실가스 배출의 주범으로 원성을 사 온 중국이 국제사회의 탄소 중립 레이스에 가세한 것이다.

시진핑 주석은 UN 총회 연설을 통해 2030년까지 '탄소 정점', 2060년까지 '탄소 중립'을 이루겠다고 약속했다. 증가세에 있는 탄소 배출량을 2030년을 정점으로 하여 감소로 전환한 후, 2060년까지 탄소 중립을 이루겠다는 것이다. 현재 중국은 전 세계 온실가스의 약 28%를 배출하는 압도적인 세계 1위 온실가스 배출국이다. 2위인 미국의 2배 이상을 배출한다. 탄소 중립을 달성하는 일이 쉽지만은 않은 여건임을 알 수 있다.

중국은 과연 어떤 경로로 탄소 중립을 달성한다는 말일까. 방향은 일단 명확히 제시하고 있다. 중국 정부는 석탄 화력발전을 줄이는 대신 신재생에너지, 특히 풍력과 태양광발전을 대폭 증가시킨다는 방침이다.

2019년 기준 중국의 발전원 현황을 보면 석탄 화력발전 비중은 무려 61%에 이른다. 중국 정부는 이 석탄 화력발전 비중을 2025년까지 6년 안에 49%까지 낮춘다는 방침이다. 이에 따라 '14.5규획'에서는 이 기간 동안 정부가 석탄발전소의 신규 증설을 엄격히 통제할 방침임을 명시하고 있다.

석탄발전소를 증설할 경우 국제적 압박과 좌초 자산 리스크가 커지는 만큼, 석탄발전을 점진적으로 퇴출해야 한다는 사실은 중국 정부도 잘 인식하고 있다.[25] 그뿐 아니라 이미 한계 수준에 이른 중국 내 환경오염에 대한 인식도 이와 같은 정책 방향의 배경이 되었다.

한편 중국의 재생에너지 발전 비중은 풍력, 태양광, 수력을 합해 2019년 기준 27%에 달한다. 이 중 풍력(5.5%)과 태양광(3.1%) 비중이 9% 정도로 3분의 1을 차지한다. 중국 정부는 현재 9% 수준인 태양광 발전과 풍력발전 비중의 합을 2025년까지 20%로 증가시킨다는 방침을 표명했다. 불과 5년 만에 두 배 이상 늘린다는 말이다.

중국 정부는 충분히 가능하다는 입장이다. 중국은 2022년, 태양광과 육상 풍력의 발전 단가가 화력발전과 같아지는 그리드 패리티에 도달하리라고 전망한다.[26] 따라서 규모의 경제를 통해 태양광과 풍력발전 비중을 빠르게 증가시켜 나갈 수 있으리라고 판단한다.

향후 중국이 석탄발전을 줄이고 신재생에너지를 대폭 늘린다는 목표는 과연 현실성이 있을까. 중국은 전 세계에서 가장 많은 이산화탄소를 배출하는 국가이지만, 동시에 세계에서 가장 많은 신재생에너지 전력을 생산하는 신재생에너지 강국이기도 하다. 전 세계 신재생에너지 설비 용량 중 약 30%를 차지하고 있다. 특히 태양광 산업의 성장 속도는 독보적이다. 앞으로도 정부의 적극적인 주도하에 태양광 산업의 성장은 가속화될 전망이다. 향후 중국이 석탄 비중을 과감히 줄이면서 신재생에너지 비중을 확대해 나갈 잠재력은 크다.

3   기업 평가의 새로운 기준 ESG

"기후변화 리스크는 곧 투자 리스크이다."

자금 흐름을 바꾸는 ESG

탄소 중립을 위한 에너지 전환 과정에 ESG가 핵심 키워드로 떠오르고 있다.

ESG 평가, ESG 투자, ESG 펀드, ESG 경영, ESG 역량, ESG 성과, ESG 정보 공시, ESG 지표, ESG 채권……. 최근 화두인 이 용어들만 보아도 ESG가 어느새 기업 경영 전반에 스며들었음을 알 수 있다.

ESG란 환경(Environment), 사회(Social), 지배 구조(Governance)의 알파벳 첫 글자를 딴 용어로, 기업 평가의 새로운 기준으로 부상하고 있다. 이제까지 매출과 이윤 등 재무적 성과를 중심으로 기업을 평가했다면, 앞으로는 기업이 친환경적인 경영 활동을 하는지, 사회적 책임을 다하는지, 지배 구조가 투명한지 등 비재무적 성과를 함께 결합해서 평가하겠다는 것이다.

ESG가 '기업 평가의 새로운 기준'이라면 과연 평가 주체는 누구일까. 주주 및 투자자를 비롯해 정부, 고객, 임직원, 지역사회, 협력 업체 등 기업을 둘러싼 다양한 이해관계자다. 특히 여기서 주목해야 할 점은 이 '새로운 기준'을 주도하는 쪽이 거대한 자금을 운용하는 연기금과 국부 펀드 등의 기관 투자자라는 사실이다.

기관 투자자들의 평가 기준이 바뀌었음은 무엇보다도 돈의 흐름이 증명한다. 글로벌지속가능투자연합(GSIA) 보고서에 따르면, 글로벌 5대 주요 시장[27]의 ESG 투자(지속 가능 투자) 자산 규모는 2016년 22조 8000억 달러에서 2020년 35조 3000억 달러로 증가했다. 불과 4년 만에 12조 5000억 달러가 늘어난 것이다.[28] 2030년에는 130조 달러 규모(15경 6000조 원)까지 증가할 것으로 전망된다.

그렇다면 기관 투자자들은 왜 투자 결정에서 기존의 재무적 성과에 더해 비재무적 성과까지 평가하겠다며 기업을 압박하고 있는 것일까? 기관 투자자의 관점은 과연 무엇일까? 글로벌 펀드의 투자 기준이 되는 대표적 지표인 MSCI지수(Morgan Stanley Capital International index)를 작성, 발표하는 모건스탠리 캐피털인터내셔널의 헨리 퍼낸데즈 회장의 발언을 살펴보자.

우리 모두가 알고 있듯이 자본주의 체제는 잘 드러나지 않는

외부성(externalities), 즉 열악한 지배 구조, 불공정한 고용 행태, 환경 파괴 등에 가격을 매기지 않는다. 글로벌 투자 산업이 이러한 ESG 외부성을 내재화한다면, 특히 기후변화의 비용을 반영하게 되면, 궁극적으로 글로벌 경제하의 금융자산 및 물적 자산 가격이 현저히 재조정되고, 자산의 재분배가 대대적으로 이루어지면서, 그 과정에서 많은 승자와 패자가 생겨날 것이다. 이는 자본주의가 우리 사회에 좀 더 책임을 다하게 하는 과정이며, 자본주의가 세계를 위해 더 기여하는 길이다.[29]

다시 말하면 이제까지 기업의 비용에 포함되지 않고 사회가 부담해 오던 비용들, 대표적으로 기업의 환경오염 비용 등을 투자 결정에 반영함으로써 자본주의의 사회적 책임과 기여를 강화하는 데 투자 산업이 앞장서겠다는 말이다. 또한 이러한 외부성을 내재화하는 과정에서 자산의 재평가와 재분배가 이루어지리라고 본다.

이즈음에서 더 근본적인 의문이 생긴다. 기관 투자자들의 관점이 이렇게 바뀐 것은 왜일까? 어떤 배경이나 계기에서일까? 이들이야말로 무엇보다 수익성을 우선시하는 대표적인 주체가 아닌가?

수익성의 기준이 바뀌다

2021년 1월, 운용자산 7조 8000억 달러(9360조 원)의 세계 최대 자산운용사 블랙록(Black Rock)의 래리 핑크(Larry Fink) 회장은 연례 서한을 통해 투자 기업 CEO들에게 강력한 메시지를 전달했다. '지속 가능성에 대한 투자'로의 구조적 변화가 한층 더 가속화되고, 기후 변화에 대한 대응이 기업의 미래를 좌우하리라는 것이다. 서한의 일부를 소개하겠다.

저는 2020년 1월, 기후변화 리스크는 곧 투자 리스크라고 말씀드렸습니다. 주식 및 채권 가치에 기후변화 리스크가 반영되면서 자본 배분의 근본적 재편이 촉발될 것이라고도 설명했습니다. 자본 배분의 재편은 제 예상보다도 훨씬 더 빠르게 진행되고 있으며, 이 변화는 장기적이면서도 동시에 급속히 진행될 전환의 시작이라고 확신합니다. 기후변화 리스크는 곧 투자 리스크입니다. 하지만 동시에 기후변화 대응은 역사적으로 손꼽힐 투자 기회를 제공할 것입니다. 넷제로 경제를 향한 전환에 명확한 계획을 세운 기업은 차별화에 성공하겠지만, 대응이 느린 기업은 비즈니스와 밸류에이션 차원에서 난관에 직면할 것입니다. 다가오는 극적인 변화에서 해당 사업 모델이 살아남을 수 있을지

이해관계자들이 확신하기 어렵기 때문입니다.[30]

이는 블랙록만의 판단에 그치지 않는다. 최근 글로벌 시장에서 큰손으로 불리는 웬만한 기관 투자자들은 투자 포트폴리오를 구성하면서 예외 없이 ESG, 특히 기후변화 리스크를 고려한다. 이러한 판단의 배경에는 향후 수십 년 동안 전개될 넷제로를 향한 에너지 전환 과정이 기업의 경영 환경은 물론 기업 경쟁력을 근본적으로 바꿀 것이라는 전망에서다. 지금 당장 재무제표에는 나타나지 않지만 기후 관련 리스크가 큰 기업은 타격을 입고 수익률이 악화되고, 에너지 전환에 성공적으로 대응한 기업은 손실을 회피하고 투자 기회를 포착해 높은 수익률을 보이리라고 판단하기 때문이다.

에너지 전환에 성공적으로 대응하는 기업은 어떤 기업일까? 기후변화 리스크를 줄이면서, 넷제로로의 에너지 전환 과정에서 새로운 기회를 창출해 내는 기업이다. 기후변화라는 생태계의 도전과 탈탄소로의 전환이라는 사회적 요구를 신규 사업 및 시장 창출의 기회로, 혁신적인 제품 및 기술 개발의 촉진제로 삼는 기업 말이다. 이런 기업들만이 극적인 변화의 소용돌이에서 살아남아 투자자들에게 장기적으로 수익성과 안정성을 줄 수 있는 기업이라고 판단하는 것이다.

자본시장연구원은 투자자와 고객을 비롯한 사회 전반의 이와 같은 인식 변화를 배경으로 ESG가 기업의 현금 흐름에도 긍정적인 영향을 미칠 것으로 분석한다. 크게 다음의 세 가지 경로를 통해서다. 첫째는 기업의 ESG 경영이 브랜드 차별화와 우수한 인재 채용 및 유지로 이어져 더 많은 현금을 창출하게 된다. 둘째는 ESG 평가가 좋은 기업은 더 낮은 비용으로 자금을 조달할 수 있기 때문에 결국 현금 흐름이 높아진다. 셋째는 ESG가 좋은 회사는 조직적 리스크를 줄일 수 있기 때문에 변동성 및 할인율이 낮아져 결국 자본비용이 감소한다.[31]

파이 쪼개기에서 파이 키우기로

재무적 성과만을 평가하던 기업의 성적표에 이제 ESG라는 비재무적 성과가 당당히 기재되기 시작했다. 어찌 보면 지극히 당연한 일이다. 대학 입시에서 학생을 평가하는 기준도, 기업이 인재를 채용하는 기준도 바뀐 지 오래지 않은가. 이제는 시험 성적으로만 평가하지 않는다. 학업 역량을 평가하더라도 단지 학업 성취도만을 고려하지 않는다. 학습의 목표와 태도, 의지 등을 두루 고려해 잠재력을 평가한다. 리더십, 사회 봉사나 공헌 등 공동체 일원으로서의 자질도 포함한다.

학생들에게 이제 국영수만 잘하면 되는 시대는 끝났다고 말하면, 국영수만 잘하기도 얼마나 힘든지 아느냐며 항변한다. 기업도 마찬가지다. 돈만 벌기도 힘든데 어떻게 ESG까지 고려하며 경영을 하느냐는 시각도 있다.

ESG는 기업에게 주어진 별개의 과목이나 숙제가 아니다. 기업의 궁극적인 목표와 기업의 존재 이유를 되물어 가며 시대적 요구에 부응하고 사회와 공생하는 방법을 찾는 것이다. 그리고 기업 경영 전반에 기업의 목표와 존재 이유, 시대적 요구에 대한 해법, 사회와의 공생 방법을 녹여 내는 과정이다.

『ESG 파이코노믹스』의 저자인 런던비즈니스스쿨의 알렉스 에드먼스 교수는 ESG를 실행할 때 무엇보다도 '파이 쪼개기식 사고방식(Pie-Splitting Mentality)'에서 벗어나야 한다고 말한다.[32] 파이를 쪼개는 방식의 사고에서 보면 기업의 사회적 책임(CSR) 활동은 정해진 크기의 파이에서 일부를 떼어내 사회에 기부하는 행동이 된다. 주주들에게는 불리한 활동처럼 여겨진다. 이러한 사고방식에 젖어 있었던 것은 기업만이 아니다. CSR 활동을 요구하는 사람들조차도 이를 기업이 사회에 환원하는 활동이라고 생각해 왔다.

에드먼스 교수는 '파이 키우기식 사고방식(Pie-Growing Mentality)'으로 전환해야 한다고 주장한다. 사회적 책임과 주주 가치는 양자택일 대상이 아니다. 사회적 가치와 이윤 역시 마찬가지다. 파이를 키우는 방식의 사고에서 보면 CSR 활동은 사회적 가치를 더 크게 만들어 더 큰 이윤을 창출할 수 있다. 이해관계자에게 이익을 주는 것이 주주에게도 이익으로 돌아간다. 기업의 목표도 확장된다. 기업의 목표는 단지 더 많은 파이를 차지하는 것이 아니라 파이 자체의 크기를 키우는 것이 된다.[33]

최근 ESG가 기업 경영의 글로벌 트렌드이자 산업계의 화두로 급부상하는 가운데 기업의 ESG 대응 역시 빨라지고 있다. 기업이 ESG 트렌드에 얼마나 신속하게 대응하느냐도 중요하지만, 이에 못지 않게 중요한 것은 ESG를 어떻게 받아들이느냐의 측면이다. 왜, 지금, 투자자나 고객, 사회 전반이 기업에게 ESG를 강하게 요구하는지, 그 근저에 자리한 변화를 인식해야 한다. 기업이 ESG를 소나기처럼 들이닥친, 지나가는 또 하나의 규제로 인식하고 대응한다면, ESG의 효과는 극히 제한적일뿐더러 기업 경영의 리스크를 확대하는 결과로 이어질 것이다.

4   재생에너지 100 RE100

"더 주목할 만한 움직임은 RE100 참여 기업들이 적극적인
공급망 관리를 통해 탈탄소 생태계를 구축, 탈탄소의 도미노
현상이 확대되고 있다는 점이다."

RE100: 탄소 중립의 우등생 클럽

Renewable Energy(재생에너지) 100을 의미하는 RE100은 기업
이 2050년까지 소비 전력의 100%를 태양광과 풍력 등 재생에너지
로 생산한 전기로만 조달하겠다는 자발적인 약속을 유도하는 캠페인
이다. 2014년, 영국 런던에 소재한 비영리기구인 Climate Group과
CDP(Carbon Disclosure Project: 탄소 정보 공개 프로젝트)라는 두 조직이
연합해서 RE100을 주창했다. 기업이 주체가 되어 자발적으로 참여
하는 캠페인이라는 점에서 이제까지의 많은 재생에너지 관련 정책이
나 규제와는 사뭇 결이 다르다.

RE100 홈페이지[34]에 들어가면, 초기 화면에 큼지막한 숫자로 회
원 수가 표시된다. RE100은 시행 첫해인 2014년 15개 기업으로 조

출하게 시작했다. 2016년에는 80여 기업으로, 2018년에는 150여 기업으로 확장되었다. SK그룹의 8개 계열사가 우리나라 기업 최초로 RE100 가입을 선언해 화제가 되었던 2020년 11월 중반에는 참여 기업이 268곳으로 늘어났다. 홈페이지에 들어갈 때마다 회원사 수가 늘어나는 것이 흥미로웠는데, 이 책을 쓰고 있는 2021년 9월에 들어가보니 300+라고 적혀 있다. 이제 일일이 수를 세지 않을 정도로 캠페인이 성공했다는 말이 아닐까?

그럼 RE100은 원하면 어느 기업이나 가입할 수 있을까? 그렇지 않다. 이 클럽에 들어가기 위한 일종의 가입 자격이 있다.

첫째, 에너지 생산 기업이 아닌 소비 기업이어야 한다. 발전이나 정유, 석유화학, 가스 등의 에너지 생산 기업은 가입할 수 없다. SK그룹의 계열사들이 대거 가입하던 당시 SK E&S, SK에너지, SK가스 등의 관계사들이 가입 대상에서 제외되었던 것은 이 때문이다.

둘째, 회사 단위로만 가입할 수 있다. 따라서 개별 사업장은 가입할 수가 없다. SK이노베이션의 배터리 사업부 역시 가입 조건이 되지 않아 당시 가입 대상에서 제외되었다.

셋째, 연간 전력 소비량이 0.1테라와트시(TWh) 이상인 기업 또는 《포춘(Fortune)》 1000대 기업' 등의 대기업을 대상으로 한다. 보통 《포춘》 1000대 기업 하면 쉽게 알겠지만 '연간 전력 소비량 0.1테라와트시'라고 하면 전공자나 관련 부서의 담당자가 아닌 이상 잘 모를 것이다.

와트는 전력의 단위로, 1초 동안에 소비하는 전력 에너지를 의미한다. 증기기관을 발명한 제임스 와트의 이름에서 와트라는 단위를 쓰게 되었다. 전력량은 전력×시간으로, 와트시(Wh)로 표기한다. 전력 단위인 와트(W)와 시간 단위인 시(h)를 곱한 것이다. 테라는 10^{12}으로, 1테라와트시는 1조 와트시다.

2019년 우리나라 전체의 연간 전력 소비량은 520TWh이다. 그렇다면 0.1TWh 정도의 전력을 소비하는 기업이라면 어느 정도 규모인지 짐작할 수 있을 것이다.

이 외에도 RE100에 가입하려면 구체적인 목표와 기간을 담은 계획을 정해서 공개 선언을 해야 하고, 달성 수준을 RE100 위원회에 보고하고, 검증을 받아야 하는 등의 의무가 뒤따른다.

우등생들이 만들어 가는 탈탄소 생태계

RE100에는 어떤 기업들이 참여하고 있을까. 참여 기업의 면면만 보아도 RE100의 위상과 영향력을 느낄 수 있다. IT 기업 중에서는 애플, 구글, 페이스북, 마이크로소프트, HP, 인텔 등이 대거 참여한다. 제조 및 유통 업체에서는 3M, GM, BMW, 월마트, 이케아, 막스 앤드 스펜서, 소니, 파나소닉 등이 눈에 띈다. 골드만삭스그룹, JP모건, 뱅크오브아메리카, HSBC 등 내로라하는 금융 기업들은 물론 샤넬 등 명품 브랜드도 참여한다. 국내 기업으로는 SK그룹의 6개 계열사,[35] LG에너지솔루션, 아모레퍼시픽, 현대자동차그룹[36]과 공기업인 한국수자원공사 등이 가입했다.

이 기업들이 모두 2050년까지 필요 전력의 100%를 재생에너지로만 충당하겠다고 약속했다는 말인데, 놀라운 한편 현실적으로 가능할까라는 의문이 든다. 하지만 더 놀라운 사실은 RE100 참여 기업 중 53개 기업이 이미 재생에너지 100%라는 목표를 달성했다는 점이다. 마이크로소프트는 2014년, 막스 앤드 스펜서는 2016년, 애플은 2018년에 재생에너지 100% 목표 달성을 공식 선언했다. 90% 이상을 달성한 기업도 65개 기업에 이른다.[37] 2050년까지라는 목표 시점도 앞당겨지고 있다. RE100 참여 기업 중 75%는 2030년까지 재생에너지 100%를 달성하겠다고 선언했다.

과연 이 기업들은 어떤 배경과 동기에서 RE100에 참여하는 것일까. 왜 자발적으로 재생에너지 100% 사용 목표를 설정하고, 이를 공개적으로 선언하고, 심지어 목표 시점을 앞당기면서까지 스스로를 변화로 내몰고 있는 것일까.

RE100 참여 기업들의 재생에너지로의 전환 동기는 중첩적이다. 대부분의 참여 기업들은 온실가스 배출을 관리하면서 기업으로서 사회적 책임을 다하고 고객의 기대에 부응하기 위해 재생에너지로 전환한다고 밝혔다. 또한 참여 기업들의 3분의 2 이상이 재생에너지로의 전환이 이해관계자들의 요구에 대응하고 장기적인 리스크를 관리하는 데 중요할뿐더러 실질적인 비용 절감에도 중요하다고 응답했다.

RE100 참여 기업들의 재생에너지로의 전환 동기

동기 요인	중요	중요하지 않음
온실가스 감축 및 관리	99%	1%
기업의 사회적 책임	99%	1%
고객의 기대에 부응	92%	8%
장기적인 리스크 관리	81%	19%
대기질 개선	77%	23%
이해관계자의 요구에 대응	77%	23%
비용 절감	68%	43%
규제 대응	55%	45%
정책 인센티브	45%	55%

자료:Climate Group & CDP, RE100 Annual Progress and Insights Report 2020, 2020.12, p.8

RE100 클럽의 우등생들은 기후변화라는 생태계의 도전과 에너지 전환에 대한 사회적 요구가 거세지는 가운데 탈탄소로의 빠른 전환만이 생존의 길임을 누구보다 빠르게 인식해서 대처하고 있는 것이다.

　더 주목할 만한 움직임은 RE100 참여 기업들이 적극적인 공급망 관리를 통해 탈탄소 생태계를 구축, 탈탄소의 도미노 현상이 확대되고 있다는 점이다. RE100 참여 기업 중 무려 44%는 제조 공급망에도 재생에너지 사용을 요구하는 등 영향력을 행사하고 있다.[38]

　일례로 애플은 2018년 모든 자사 소비 전력을 재생에너지로 충

당하는 데 성공한 후, 다음 단계로 2030년까지 전 세계의 제조 공급
망에서 사용되는 전력까지도 100% 재생에너지로 대체할 것이라고
선언했다.[39] 2030년이면 아이폰을 비롯한 애플의 모든 제품은 부품
제조 공정부터 완성품으로 판매되기까지 전 과정에서 탄소를 전혀
배출하지 않는 완벽한 탄소프리 제품으로 거듭난다.

애플은 부품 재활용을 확대하고 협력 업체들의 재생에너지 사
용을 유도하는 방식으로 2030년까지 탄소 배출량을 2015년도 대비
75% 감축할 계획이다. 애플의 협력 업체 가운데 100여 업체가 재생에
너지 100% 사용을 약속했다. 달성하지 못한 25%는 2억 달러 규모의
'복원 기금(Restore Fund)'을 조성하여 지속 가능한 숲 프로젝트 등을
지원해 감축 분으로 인정받는다는 계획이다.[40]

RE100, 어떻게 이행하나

애플의 혁신적 사례를 보면서 재생에너지 전환에 성공한 기업들
에 대해 가장 궁금해지는 것 중 하나는 바로 이행 수단이다. 이 기업
들은 그 많은 전기를 어떻게 다 재생에너지로 충당한 것일까. 공장 지
붕, 사무실 빌딩 지붕을 다 태양광 패널로 뒤덮었나, 그렇게 한다고 해
서 에너지를 다 충당할 수 있긴 할까 같은 의문이 든다.

재생에너지로 전환하는 방법은 크게 두 가지다. 직접 만들어 쓰

든지, 사서 쓰든지다.

직접 만들어 쓰는 방법에는 자가발전 방식과 지분 투자 방식이 있다. 자가발전 방식은 기업이 자체적으로 태양광이나 풍력발전 등의 재생에너지 설비를 설치한 후 생산된 전력을 직접 사용하는 방식이다. 지분 투자 방식은 재생에너지 발전 사업의 지분 일부를 인수하는 방식이다. 지분 투자 비중만큼 재생에너지 발전량을 RE100 이행 실적으로 인증받을 수 있다.

사서 쓰는 방법에는 무엇을, 어떤 방식으로 사는지에 따라 다양한 유형이 있다. 대표적인 것이 녹색 프리미엄제, 인증서(REC) 구매, PPA(전력 구매 계약) 등이다. 녹색 프리미엄제는 재생에너지원으로 만들어진 전력을 일반 전기보다 비싼 값을 주고 사 오는 방법이다.

인증서 구매는 전력의 생산 정보, 즉 '이 전력은 재생에너지로 만들어졌다.'는 정보가 담긴 REC(Renewable Energy Certificate)라는 공급 인증서를 구매하는 방식이다. 기업은 이와 같은 공급 인증서를 구매하는 방식으로 전력을 간접적으로 조달해서 재생에너지 사용을 인정받을 수 있다.

PPA(Power Purchase Agreement)란 소비자(기업)와 재생에너지 발전 사업자가 특정 기간 동안 합의한 가격으로 고정 계약을 하는 직거래 방식의 전력 구매 계약이다.

RE100에 참여하는 해외 기업의 경우, 2018년 기준으로 인증서 구매(43%) 〉 녹색 프리미엄(31%) 〉 PPA(19%) 〉 자가발전(4%) 순서로 재생에너지 전환을 이룬 것으로 나타난다. RE100의 초기인 2015년에는 인증서 구매 방식이 60%로 압도적으로 많았지만, 이 방식은 점차 줄어드는 반면, 재생에너지 발전 확산에 직접 기여하는 PPA 방식은 점차 증가하고 있다.[41]

K-RE100

앞으로 국내 기업들의 RE100 참여는 빠르게 확대될 전망이다.

한국에너지공단이 국내의 전력 다소비 기업 190곳을 대상으로 실시한 설문 조사에 따르면, 응답 기업 중 65%가 RE100에 조기 참여할 의사를 밝힌 것으로 나타났다. 참여 이유는 ESG 경영 및 이미지 개선, 고객사 요구, 온실가스 감축 대응 순이었다. 이행 수단으로는 녹색 프리미엄(31%), PPA(27%), 인증서 구매(22%), 자가발전(17%) 순으로 선호했다.[42]

국내 기업의 RE100 참여가 확대되는 상황에서 그 제도적 기반을 구축하기 위해 만든 것이 'K-RE100'으로 불리는 한국형 RE100이다. K-RE100에는 전력 사용량이나 기업 규모와 관계없이 참여할 수 있다. 한국에너지공단의 K-RE100 관리 시스템에 등록한 후, 재생에너지를 사용하고 사용 실적을 제출하여 확인서를 발급받는 방식이다.

K-RE100의 이행 수단은 RE100과 마찬가지로 자가발전 방식, 지분 투자 방식, 녹색 프리미엄제, 인증서 구매, PPA의 다섯 가지 방

식으로 구성된다. 이행 수단은 국내 제도와의 연관성을 고려하여 순차적으로 도입되어 왔는데, 이 중 녹색 프리미엄제, 인증서 구매, PPA의 국내 운용 방식을 살펴보도록 하자.

　　2021년 1월에 도입된 녹색 프리미엄제는 전력 소비자가 한국전력에 녹색 프리미엄을 지불하고 재생에너지로 발전한 전력을 구입하는 방식이다. 녹색 프리미엄을 지불한 기업은 한전으로부터 '재생에너지 사용 확인서'를 받아 K-RE100 이행 수단으로 활용할 수 있다. 2021년 2월과 8월 두 차례에 걸쳐 입찰을 진행했는데, 기업들의 참여가 저조해 실패한 것으로 평가되고 있다. 가장 쉽고 저렴한 이행 수단임에도 참여가 저조한 원인은 프리미엄을 주고 재생에너지로 만든 전기를 구입해도 온실가스 감축으로 인정받지 못하기 때문이다. 재생에너지로 전기를 만드는 과정이 이미 온실가스 감축으로 인정받았기 때문에 그 전기를 구매할 때 또다시 감축 실적으로 인정할 수 없다는 것이 정부의 입장이다.

　　2021년 5월에 도입된 제3자 PPA는 PPA를 보완한 방식이다. 우리나라는 전기사업법에 따라 생산(발전)과 판매의 겸업을 금지해 왔다. 따라서 발전 사업자는 직접 판매자가 될 수 없기 때문에 발전 사업자와 소비자(기업) 간의 직거래가 허용되지 않아 국내에서는 PPA 방식이 제도적으로 불가능했다. 하지만 2021년 3월에 전기사업법이 개정되어 발전 사업자와 소비자(기업) 간의 직거래가 허용되었다.

　　다만 발전사에서 소비자에게 전력을 공급하기 위해서는 송배전망을 이용해야 하는데, 국내의 송배전망은 한국전력이 독점적으로 관리 운영하고 있다. 따라서 전력망 사용에 따른 요금을 한국전력에 별도로 지불해야 하며, 한전이 중개 사업자로 참여하기 때문에 제3자 PPA로 불린다.

재생에너지 인증서(REC) 구매 방식은 기업 입장에서 복잡한 절차 없이 편리하고 손쉽게 재생에너지를 조달할 수 있기 때문에 글로벌 차원에서 가장 많이 이용된 방식이다. 2021년 8월 REC 거래 시장이 개설되어 국내 기업들도 REC를 구입해 인증 수단으로 활용할 수 있게 되었다. 거래 당사자 간 상시적인 장외 거래를 통해 계약을 체결한 후 시스템에 등록하고 정산하는 방식과, 플랫폼에 매물을 등록해 매매(월 2회)하는 방식으로 운영된다.[43]

5　전력망 Grid

"더 많은 전기를 쓰는 세상, 더 다양하게 만들어진 전기를 써야
하는 세상, 더 변동성이 높은 전기를 수용해야 하는 세상, 이런
변화에 맞춰 그리드는 어떻게 진화해야 하는 것일까."

에너지 전환의 필수 인프라, 그리드

아무리 성능 좋은 자동차를 만들어도 달릴 도로가 없다면 애써
만든 자동차는 무용지물이 된다. 아무리 전기차와 수소차를 친환경적
이고 경제성 있게 만들어도 충전소가 없다면 이 역시 무용지물이다.

탄소 중립을 위해 발전 에너지원을 기존 화석연료에서 태양광, 풍
력 등 재생에너지로 전환하고 있지만, 재생에너지로 발전된 전력을 전
력망, 즉 그리드(Grid)에서 수용할 수 없다면 재생에너지 발전 역시 무
용지물이 될 수밖에 없다.

제주도의 풍력발전 사례가 이를 생생히 보여 준다. 전력거래소에
의하면 제주 지역 풍력발전의 출력제한(curtailment) 건수는 2020년 한
해 동안 77회에 달했다. 4.7일에 한 번 간격으로 발전을 중단시킨 셈이

다. 이로 인해 19.4GWh의 전기가 생산되지 못했다. 약 40만 대의 전기차를 충전할 수 있는 용량이다. 손실액은 약 34억 원에 달한다.[44]

2015년 연 3회에 불과했던 출력제한 건수가 급격히 증가한 것은 풍력발전 등 재생에너지 발전 비중이 크게 늘어난 반면, 이를 수용할 수 있는 전력망이 마련되지 않았기 때문이다. 출력제한은 수요를 초과해 공급되는 태양광 및 풍력발전량을 전력망에서 수용하지 못해 발전기를 멈추는 조치다. 초과 공급된 전기를 그대로 전력망에 흘려 보내면 전력 계통에 과부하가 발생해 정전 등의 문제가 발생할 수 있기 때문이다.

제주에너지공사에 의하면 2034년 제주도의 신재생 발전량은 2020년에 비해 7배가량 늘어날 전망이다. 언론사들은 지금 같은 상태가 지속된다면 출력제한 횟수는 2020년 77회에서 2034년 326회로 증가하며, 이로 인한 2034년의 예상 발전 손실량은 2020년의 151배에 달할 것으로 보도했다.[45]

정부의 목표대로 2030년까지 재생에너지 발전 비중을 20% 수준으로 늘린다 해도, 통합적인 그리드의 재구성이 이루어지지 않는다면 제주도와 유사한 상황은 얼마든 재현될 수 있다.

이러한 현상은 기본적으로 전기의 고유한 특징으로부터 발생한다. 석탄, 석유, 가스 등 다른 에너지원과 달리 전기의 가장 큰 특징은 저장이 어렵다는 것이다. 석탄, 석유, 가스는 생산한 후 저장을 하고 운송을 할 수 있지만, 전기는 저장이 어렵다. 따라서 만드는 즉시 소비해야 하고, 소비되지 않으면 버려진다. 따라서 이제까지의 그리드는 전력의 수요와 공급이 거의 균형을 이루는 것을 전제로 운영되어 왔다. 수요에 비해 발전량이 넘치거나 부족하면 전압 등이 허용된 범위를 벗어나 정전 등의 문제가 발생할 수 있다. 따라서 전기의 수요와 공급을 일정하게 유지하기 위해 출력제한 조치를 취하는 것이다.

반면 태양광과 풍력 등 재생에너지 발전은 생산 자체가 들쭉날쭉하고 불안정한, 간헐성을 특징으로 한다. 하루에도 오전, 오후, 저녁이, 연간으로도 봄, 여름, 가을, 겨울, 계절마다 햇빛의 세기나 풍량이 달라 생산량에 차이가 있다. 이와 같은 간헐성을 지닌 재생에너지 발전이 안정성을 중시하는 기존의 그리드에 연계되면서 복잡한 상황이 연출된 것이다.

풍력발전과 태양광발전 등 다양한 형태의 소규모 분산형 전원이 급증해 가는 에너지 전환의 시대에 미래의 그리드는 어떻게 진화해야 하는 것일까.

모든 전기는 그리드를 통한다

코로나 팬데믹 이후 무인도 여행이 뜨고 있다기에 포털 사이트에서 검색을 해 보았다. 아니나 다를까 무인도 여행에 관한 문의가 여기저기 눈에 띄었다. 그중 압도적으로 많았던 것은 무인도에서도 인터

넷을 사용할 수 있느냐는 질문이었다. IT 강국 한국답게 웬만한 무인
도에서는 인터넷이 빵빵 터질 것이라는 답글이 많았다. 그런데 흥미
로운 점은 인터넷 사용 여부는 걱정해도, 무인도에 전기가 들어오는
지를 걱정하는 사람은 거의 없었다는 사실이다. 전기가 없으면 배터
리가 닳는 순간 휴대폰이든 노트북이든 다 빈껍데기가 되어 버리는데
도 말이다.

이렇듯 우리는 전기의 존재를 마치 공기와 같이 당연시하는 경
향이 있다. 일상과 사회의 거의 모든 것이 전기를 통해 이루어지고 있
는데도 말이다. 조명, TV, 냉장고 등 가전제품만이 아니다. 공장, 병원,
빌딩 등 그 어느 곳도 전기가 없으면 굴러가지 않는다. 게다가 전기차,
인덕션, 심지어 전자 담배에 이르기까지 기존에는 전기를 쓰지 않던
기기들의 전기화 현상도 갈수록 확대되고 있다. IEA는 각국의 탄소
중립 정책으로 수송, 산업, 건물 부문의 전기화가 더 빠르게 진행될 것
이며, 그 결과 30년 후에는 지금보다 2.5배나 많은 전기가 사용될 것
으로 전망한다.[46]

전기는 지금의 우리뿐 아니라 앞으로의 우리에게 더더욱 필수 불
가결한 요소가 되고 있다. 하지만 불과 50년 전까지만 해도 우리나라
에는 전기가 공급되지 않는 지역이 많았다. 산골 마을 깊은 곳까지 어
둠을 밝히는 조명을 켤 수 있게 된 것은 바로 그리드, 전력망 덕분이
다. 하지만 막상 전기가 어떻게 발전소에서 만들어져 내 책상 위 컴퓨
터까지 오는지는 잘 모른다. 전기 코드를 콘센트에 꽂기만 하면 언

제든지 전기를 쓸 수 있기 때문이다. 하지만 그리드가 없다면 우리는 발전소에서 만든 전기를 끌어올 수 없다. 모든 전기는 그리드를 통하기 때문이다.

석탄이나 천연가스든, 원자력이든, 태양광이나 풍력이든, 무엇으로 만들었든 발전원에서부터 우리가 사용할 수 있는 콘센트까지 전기가 전달되도록 하는 전력망, 그것이 바로 그리드다. 그리드는 전력을 생산하는 발전소, 전기를 전송하거나 가정과 회사에서 사용할 수 있도록 전압을 변환시키는 변전소, 이들을 연결하는 송전선과 배전선로 등을 포함하는 거대한 전력 네트워크다. 최근에는 전기를 최종적으로 사용하게 한다는 점에서 스마트폰의 배터리 저장 장치까지 그리드에 포함하기도 한다.

더 많은 전기를 쓰는 세상, 더 다양하게 만들어진 전기를 써야 하는 세상, 더 변동성이 높은 전기를 수용해야 하는 세상. 이런 변화에 맞춰 그리드는 어떻게 진화해야 하는 것일까. 그리드의 미래를 그리기 이전에 과거와 현재를 돌이켜 보자.

직류와 교류, 세기의 표준 경쟁

그리드의 역사는 토머스 에디슨(Thomas Edison, 1847~1931년)의 '직류(DC)'와 니콜라 테슬라(Nikola Tesla, 1856~1943년)의 '교류(AC)'

간에 벌어진 전류 전쟁과 궤를 같이한다. 직류 전송 방식을 발명한 에디슨은 모르는 사람이 없을 정도로 우리에게 널리 알려진 인물이다. 교류 전송 방식을 발명한 테슬라는 대중에게는 다소 생소한 인물이었으나, 일론 머스크가 그의 이름을 따 회사명을 '테슬라'로 지으면서 널리 알려졌다. 하지만 정작 전기의 표준을 둘러싼 그들의 전류 전쟁에 대해서는 잘 알려지지 않았다.

이 세기의 경쟁은 2017년 「커런트 워(Current War)」라는 영화로도 제작되었다. 이 영화는 에디슨 역을 맡은 베네딕트 컴버배치를 비롯해 톰 홀랜드 등 쟁쟁한 배우들이 대거 출연해 화제가 되었다. 비록 흥행에는 실패했지만, 혁신적인 기술의 등장이 사람들의 삶을 어떻게 바꾸어 가는지를 보여 주는 의미 있는 영화다. 또한 기술의 표준을 둘러싸고 치열하게 벌어지는 경쟁과 미래를 예측하는 자들이 어떻게 막대한 부를 쌓게 되는가도 보여 준다.

19세기 후반 벌어진 직류와 교류 간의 전류 전쟁은 교류의 승리로 끝난다. 그 결과 지난 100여 년간 세계는 교류 전송 방식을 사용하게 되었다. 어떻게 해서 교류가 직류를 꺾고 표준을 차지한 것일까. 직류와 교류의 기본 특징을 살펴볼 필요가 있다.

직류(DC, Direct Current)는 말 그대로 전기가 일정한 방향으로 흐르는 반면, 교류(AC, Alternating Current)는 위아래로 파동을 이루며 전기가 흐르는 방향이 주기적으로 바뀐다. 에디슨이 고집했던 직류 방식에는 결정적인 문제가 있었는데, 바로 전압을 높이기가 어렵다는 점이었다.

　전기를 멀리 보내려면 전압을 올려야 한다. 하지만 고압으로 승압이 어려운 직류는 최대 송전 거리가 1마일(1.6km)에 불과했다. 따라서 전기가 필요한 수요처에서 가까운 곳에 발전기를 설치해야 했다. 즉 공장, 빌딩, 대부호의 저택 등 개별 소비자의 요구에 따라 사설 소규모 발전소를 설치하는 것이었다. 소수의 부자만이 전기를 향유할 수 있다는 말이다. 만일 이 방식으로 미국 전역에 전기를 공급하려 했다면 어떻게 될까? 수많은 발전 시설이 미국 전역에 빽빽하게 들어찰 수밖에 없을 것이다. 상업성과 실현 가능성 모두 당시로서는 낙제점이었다.

　테슬라의 교류 방식은 직류 방식과 달리 변압이 용이했다. 따라서 전기를 멀리까지 보낼 수 있었다. 1895년 테슬라는 웨스팅하우스와 함께 근대식 대형 수력 발전소인 나이아가라 수력 발전소를 건설했다. 나이아가라 폭포 주변에는 전기 수요가 많지 않았기 때문에 전기를 30km나 떨어진 버펄로까지 보내야 했다. 전기를 멀리까지 보내야 하는 상황에서 테슬라의 교류가 채택되는 것은 당연했다. 적지 않은 시행착오가 있었지만, 나이아가라 폭포의 거대한 힘으로 만들어진 전기는 버펄로까지 장거리 송전에 성공했다. 대형 제조 업체들이 버펄로로 모여들었고, 이곳에서 꽃핀 알루미늄 제련 산업은 뒤이어 자동차 산업과 항공기 산업의 토대를 제공한다. 이후 미국 전역의 그리드는 교류를 전면적으로 적용하며 건설된다.[47]

우리가 언제, 어디서나, 원하는 만큼의 전기를 사용할 수 있게 하는 지금의 그리드가 구축되기까지는 또 한 명의 혁신적인 인물이 등장한다. 그레천 바크는 『그리드』에서 현재의 전력 공급 체계를 가능하게 한 최대 공로를 새뮤얼 인설(Samuel Insull)이라는 인물에게 돌린다.

누차 언급했듯 전기는 저장이 어렵다. 이러한 특성으로 인해 전기는 공급과 수요가 일정해야 하며, 따라서 대규모의 발전소를 돌리기 위해서는 대규모의 전기 수요가 필요했다. 공급이 수요를 창출하는 시대에 발로 뛰며 고객을 유치해 이 수요를 창출한 사람이 바로 새뮤얼 인설이다. 그는 더 저렴하게, 더 많이, 더 효율적으로 전기를 사용할 수 있도록 만들고자 했다. 전기 요금을 낮추고, 전기로 가동되는 가전제품을 만들도록 설득하고, 심지어 심야에는 전기 요금을 할인해 주는 방식으로 수요를 창출하는 한편, 소규모 사설 발전소들을 폐기하는 데 일조했다.[48]

전력 산업은 점차 규모의 경제를 이루는 가운데 안정성과 효율성을 추구하며 현재의 독점적 중앙 집중 형태의 전력망 체계를 발전시켰다. 그리고 한국을 비롯한 많은 국가 역시 이 영향을 받으며 현재와 같은 전력망 체계를 갖추게 되었다.

스마트 그리드와 가상발전소

미래의 전력 시스템은 중앙에서 공급하는 전력망과 동시에 재생 에너지 등으로 인한 분산된 전력망도 필요하다. 하지만 에디슨 시대와 같이 분산되고 단절된 형태가 아니라, 분산된 전력망이 중앙 전력망과 물리적으로 연결된 복잡한 형태다.

탈탄소화, 분산화, 디지털화의 방향성을 모두 충족하는 미래의 전력망 형태는 '스마트 그리드(Smart Grid)'다. 스마트 그리드란 기존의 전력망에 정보 통신 기술을 더해 전력의 생산과 소비 정보를 실시간으로 주고받음으로써 에너지 효율을 높이는 차세대 지능형 전력망이다.[49] 기존 전력망은 중앙 집중형 발전 형태로 최대 수요량을 상정해 예비 전력을 두고 생산하는 일방적인 관계였다. 저장할 수 없는 전기의 특성상 사용되지 않는 전기는 버려지는 비효율이 발생할 수밖에 없었다. 스마트 그리드는 전력의 공급자와 소비자가 양방향으로 실시간 데이터를 교환해 전기량을 예측하고, 전력 수급 상황별 차등 요금제를 통해 수요 조절을 가능하게 함으로써 에너지 효율을 높인다. 예를 들어 사물인터넷(IoT)을 이용해 가전제품 충전을 가장 저렴한 시간대에 하거나, 건물의 냉난방을 에너지 저장 시스템을 통해 하는 것 등이다.

스마트 그리드를 구축하기 위해서는 에너지 저장 시스템(ESS, Energy Storage System), 스마트 계량기(AMI, Advanced Metering Infrastructure), 에

너지 관리 시스템(EMS, Energy Management System), 양방향 정보 통신 기술을 반영한 지능형 송배전 시스템 등이 필요하다.

ESS는 사용되지 않은 전기를 저장하여 수요와 공급을 적절히 조절하고 불필요한 전기를 생산하지 않음으로써 탄소 배출을 줄인다. 또 하루 중 특정 시간이나 계절적으로 전력 수요가 최고에 이르는 시점의 첨두부하(peak load)를 담당할 수 있어 과잉 발전 설비로 인한 탄소 배출도 줄일 수 있다. 특히 간헐적 발전의 성격을 지닌 태양광, 풍력 등 재생에너지의 경우에는 효용이 커서 ESS가 설치되는 경우가 많아지고 있다. 하지만 여전히 경제성 있는 대용량 전기 저장 배터리 개발은 숙제다.

AMI는 전력 사용량을 검침원이 각 가정을 방문하여 측정하는 기존 방식에서 벗어나, 자동으로 검침하는 스마트 계량기로 측정하는 인프라다. 스마트 계량기에서 측정한 데이터를 통해 측정 오차를 줄이고 사용자별 전기 사용 패턴을 파악해 전력 공급을 최적화함으로써 전력 낭비로 인한 탄소 배출을 줄일 수 있다.

EMS는 공장, 빌딩 등에서 센서와 같은 자동화된 IT 소프트웨어 등을 통해 실시간 전력량을 조절하는 등 에너지 사용을 최적화함으로써 에너지 소비를 줄여 탄소 배출을 줄이고 비용을 절감할 수 있다.

최근에는 에너지 효율을 위한 스마트 그리드의 일환으로 가상발전소(VPP, Virtual Power Plant)가 주목받고 있다. 기존 대형 발전소가 전력을 중앙 집중 형태로 생산했다면, 가상발전소는 물리적으로 세워지지 않은 가상 형태로 '분산'된 에너지를 서로 연결하여 하나의 발전소처럼 제어하는 시스템이다.[50] 가상발전소는 이미 만들어진 에너지를 저장하고 필요한 곳에 적시에 공급함으로써 재생에너지의 간헐성을 보완하는 동시에 발전소 건설을 최소화할 수 있다.

　갈수록 늘어날 재생에너지로 인해 미래의 전력망은 중앙 집중형과 분산형이 서로 연결된 형태가 될 수밖에 없다. 가상발전소는 분산된 에너지 시스템을 효과적으로 활용하기 위한 미래의 대안이 될 수 있을 것이다.

6 행동에 나선 MZ세대 Youth in Action

"기후변화를 둘러싼 세대 갈등은 이미 진행형이다."

불편한 유산, 불가피한 세대 갈등

인류의 발전을 유지하고, 필요를 충족하며, 욕망을 실현하기
위한 현시대의 많은 노력은 말 그대로 지속 가능하지 않다.
잘사는 나라든, 가난한 나라든 말이다. 우리는 진즉에 너무
많이 써 버린 환경 자원 계좌로부터 그 계좌가 파산될 정도로
너무 많이, 그리고 너무 빨리 자원을 꺼내 쓰고 있다. 이것이
현세대의 대차대조표에는 수익으로 표시될지언정 후손들은
손실만 물려받을 것이다. 현세대는 빚을 갚을 의향도,
가능성도 없이 미래 세대로부터 환경 자본을 계속 빌리고
있다. 우리 후손들은 조상의 낭비적인 소비 행태를 원망한다
해도 그 빚을 결코 돌려받을 수 없다. 우리가 지금과 같이

행동하는 것은 그에 대한 책임을 지지 않아도 되기 때문이다. 반면 미래 세대는 오늘날 투표를 할 수도, 정치적·재정적인 영향력을 행사할 수도, 우리의 결정에 도전할 수도 없는 처지다.[51]

1987년, 세계환경개발위원회(WCED)가 발간한 「우리 공동의 미래(Our Common Future)」의 일부다. 「우리 공동의 미래」는 21세기 인류의 새로운 가치로 평가받는 '지속 가능 발전(Sustainable Development)'의 개념을 처음 제시한 보고서로 잘 알려져 있다. 이 보고서는 '지속 가능 발전'을 '미래 세대의 필요를 충족할 수 있는 능력을 저해하지 않으면서, 현재 세대의 필요를 충족하는 개발'이라 정의한다. 이 정의로부터 쉽게 알 수 있듯이 지속 가능 발전의 핵심은 다름 아닌 '세대 간 형평성'이다.

다시 말해 이 보고서는 첫째, 현세대가 미래 세대에 대한 고려 없이 환경을 파괴할 경우, 그 대가를 치르는 것은 다름 아닌 미래 세대라는 점을 분명히 한다. 둘째, 따라서 미래 세대의 개발 능력을 훼손하지 않는 범위 내에서만 현세대의 개발이 이루어져야 함을 명확히 한다. 이것이 세대 간의 형평성을 훼손하지 않는 행위다.

위의 글은 2017학년도 대입 수능 영어 지문으로도 출제된 바 있는, 널리 알려진 글이다. 다만 보고서가 작성된 지 30여 년이 훌쩍 지난 현시점에서 보면 수정될 부분 역시 눈에 띈다. 마지막 구절의 "미래 세대는 오늘날 투표를 할 수도, 정치적·재정적인 영향력을 행사할 수도, 우리의 결정에 도전할 수도 없는 처지다."라는 부분이다. 아마도 1987년 당시에는 '미래 세대'의 시점을 먼 미래로 상정했던 것이 아닌 가 하는 생각이 든다.

하지만 불행하게도 이 '미래' 세대의 시점은 훨씬 앞당겨지게 되었다. 100년 후, 200년 후, 또는 더 먼 미래가 아니라 바로 20~30년 후, 우리 자녀 세대가 되어 버렸다. 따라서 이들은 곧, 현세대의 행태에 대해 투표를 할 수도, 정치적·재정적 영향력을 행사할 수도, 우리의 결정에 도전할 수도 있게 되었다. 앞으로 세대 갈등이 격화될 것이 불가피한 이유다.

기후변화에서 비롯된 세대 간 불평등은 부정할 수 없는 현실로 다가오고 있다. 2021년 9월 국제과학 학술지 《사이언스(Science)》에 게 재된 논문 「극한기후에 노출된 세대 간 불평등」은 선대로부터 불편한 유산을 물려받을 처지에 놓인 어린이들의 암울한 현실과 닥쳐올 미래를 방대한 연구를 통해 분석했다. 주 저자인 윔 시에리(Wim Thiery) 교수를 포함한 37명의 연구진은 기후변화가 지금과 같은 속도로 진행되면 현재의 어린이들은 조부모 세대에 비해 평균 3배나 많은 기후 재앙을 경험할 것으로 예측했다. 산불은 평균 2배, 홍수는 3.4배, 가뭄은 2.3배다.

시에리 교수는 현재 대기 속 온실가스의 절반 이상은 1990년대 이후에 배출된 것으로, 현재의 어린이들이 겪을 기후 재앙은 바로 부모들이 배출한 온실가스 때문임을 지적했다. 반면에 이 상황을 변화시킬 수 있는 부모와 조부모 세대는 아마도 극심한 기후변화에는 직면하지 않을 것이라며 강력한 대책이 필요하다고 촉구했다.[52]

기후변화를 둘러싼 세대 갈등

2019년 9월, 미국 뉴욕에서는 유엔이 주최한 최초의 청년 기후회의인 '청년 기후행동 정상회의'가 개최되었다. 이 회의에는 전 세계에서 참가를 신청한 18~29세 사이의 청년 가운데 500여 명이 초청되어 참석했다. 참석자들은 현세대의 정치 지도자들이 만든 문제를 미래 세대가 책임져야 한다는 사실에 분노했다. 패널로 참석한 기업 측을 향해 '기업의 수익이 우리 미래 세대보다 중요하냐'며 질타하고, 정치인들이 기후변화에 책임을 지지 않는다면 투표로 심판하겠다고 목청을 높이기도 했다.

이틀 후 열린 기후행동 정상회의에는 스웨덴의 환경운동가 그레타 툰베리(Greta Thunberg, 당시 만 16세)가 참석했다. 툰베리는 "사람들이 고통받고 죽어 가고 있으며 생태계가 무너지는데도, 현세대는 끊임없이 돈과 경제 성장만을 이야기한다."고 비난하며, "미래 세대는 더 이상 참지 않을 것이며, 세계는 깨어나고 있고, 변화는 다가오고 있다."[53]고 연설을 마쳤다. 이 연설에는 현세대의 기후변화 대응에 대한 불안함, 불편함, 그리고 억눌렸던 불만이 그대로 드러난다.

이것은 그레타 툰베리만의 생각일까. 그렇지 않다. 기후변화와 그 대응에 대한 미래 세대와 현재 세대의 인식에는 실제로도 큰 격차가 있다. 다음의 통계를 보자. 미국 시카고 국제문제연구소(Chicago Council)는 2019년, 18세 이상의 미국인 2059명을 대상으로 기후변화 인식에 대한 설문 조사를 실시했다.[54] 그 결과 기후변화의 위협과 기후변화 정책에 대한 시각에 현저한 '세대 간 격차'가 존재함이 드러났다. 설문 조사 시 연령층은 청년층(18~29세), 장년층(30~44세), 중년층(45~64세), 노년층(65세 이상)의 4개 집단으로 나누었다.

첫째, 기후변화를 심각한 위협으로 인식하느냐는 물음에 청년층은 63%가 심각한 위협으로 인식한다고 답했으며, 심각하지 않다는 응답은 12%에 불과했다. 반면 노년층은 47%만이 기후변화를 심각한 위협으로 생각했으며, 21%의 응답자는 심각하지 않다고 대답했다.

둘째, 기후변화 대응에 대해서 청년층의 58%가 기후변화는 매우 심각한 문제인 만큼 큰 비용을 치르더라도 시급히 대응해야 한다고 응답한 반면, 노년층은 47%만이 그렇다고 응답했다. 노년층의 20%는 우리가 기후변화의 위험을 더 확실히 느끼게 되는 시점까지 경제적 비용이 따르는 대책은 시행을 늦춰야 한다고 응답했지만, 청년층은 10%만이 이에 동의했다. 기후변화에 대한 연령별 온도차가 느껴진다.

2021년 퓨리서치센터가 1만 3749명의 미국 시민을 대상으로 실시한 설문 조사 결과 역시 기후변화에 대한 세대 간 인식 차이를 확연히 드러낸다. 미래 세대를 위해 기후변화를 최우선적인 정책 순위로 삼아야 한다는 점에 40세 이하 연령층은 약 70%가 동의한 반면, 50대 후반 이상에서는 57%만이 동의했다.[55]

물론 '버릇 없는 요즘 애들'과 '나이 든 꼰대'로 상징되는 세대 갈등은 시대와 지역을 불문하고 늘 존재했다. 대부분의 세대 갈등은 서로에 대한 이해 부족이나 문화적 차이에서 비롯된다. 더 문제가 되는 것은 세대 간 형평성에서 비롯되는 세대 갈등이다.

이와 관련해 저출산 고령화에 따라 미래 세대가 짊어지게 될 부양 부담과 조세 부담이 급증하는 것이 대표적인 갈등 요인이다. 국민연금 고갈이 예상되는 가운데 고갈 시기를 늦추기 위해 '더 내고 덜 받는' 식의 연금 개혁이 불가피해질 경우, 미래 세대는 이를 과연 어떻게 받아들일까. 우리가 미래 세대에게 이런 짐을 지우는 것이 과연 공정한 일일까.

코로나 팬데믹으로 태어나자마자 마스크 쓰기를 강요당하고, 친구들과 뛰어놀지도, 학교에도 가지 못하고 원격으로 수업을 받으며 학창 시절을 보내다가, 겨우 취직해서는 재택근무를 해야 하는 상황이 지속된다면 그 세대는 이전 세대와 어떤 갈등을 겪게 될까? 기후변화로 인해 이보다 더한 상황이 온다면 어떨까? 생각만 해도 끔찍한 일이 아닐 수 없다.

기후변화의 심각성은 모든 세대가 느끼고 있지만, 자녀 세대는 문제의 심각성을 더 크게 느낄 뿐 아니라 현세대가 그 문제의 원인을 제공했다고 생각한다. 따라서 현 상황에 대한 분노와 미래에 대한 불안이 더 크다. 그들의 입장에서 보면, 자신이 배출한 적도 없는 온실가스로 인해 피해를 입고 부담만 지게 된 피해자이기 때문이다.

신념을 소비로 말하다

미래 세대의 가치관과 신념은 소비 행위로도 표출되기 시작했다. 데이터 분석 전문 기업인 퍼스트 인사이트는 2019년 12월 미국 소비자 1000여 명을 대상으로 설문 조사를 실시했다.[56] Z세대(1995~2012년 출생), 밀레니얼 세대(1980~1994년 출생), X세대(1965~1979년 출생), 베이비부머 세대(1946~1964년 출생), 침묵의 세대(1928~1945년 출생)로 대상자를 분류하여 소비 의사를 물었다. 조사 결과, Z세대와 밀레니얼 세대를 포함한 젊은 연령대의 소비자가 다른 연령층에 비해 친환경 브랜드에 대한 선호도가 높은 것은 물론 더 많은 비용을 지불하고서라도 친환경 제품을 구입할 의사가 있었다.

친환경 브랜드에 대한 선호도는 밀레니얼 세대와 Z세대 모두 62%로 X세대(54%), 침묵의 세대(44%), 베이비부머 세대(39%)보다 높았다. 친환경 제품의 구입 의사는 Z세대의 73%, 밀레니얼 세대의 68%가 구입 의사가 있다고 답한 것에 반해 X세대는 55%, 베이비부머 세대는 42%, 침묵의 세대는 48%만이 구입 의사를 보였다. 특히 친환경

제품 구입 의사를 밝힌 Z세대와 밀레니얼 세대의 약 75%는 친환경 제품이라면 10% 이상의 비용을 더 주더라도 구입하겠다고 밝혔다.

미국 경제지《포브스》는 친환경 소비 트렌드와 관련해 과거에는 단지 친환경 브랜드에 대한 선호도가 높은 것에 그쳤다면, 최근에는 친환경 제품이라면 더 비싼 값을 치르더라도 구입하겠다는 적극적인 소비층이 급부상하고 있다고 보도했다.[57]

국내 역시 상황은 다르지 않다. 수년 전부터 MZ세대를 중심으로 확산되고 있는 '미닝 아웃(Meaning out)'[58]이라는 소비 트렌드는 미래 세대의 가치관이 소비와 만났을 때의 현상을 잘 설명해 준다. '신념(Meaning)'과 '정체를 드러내다(Coming out)'라는 두 단어의 합성어인 '미닝 아웃'은 언뜻 보면 난해한 MZ세대의 소비 행태를 이해하는 하나의 프리즘이다. X세대가 가격 대비 성능을 따지던 가성비 세대라면, MZ세대는 가격보다 심리적 만족을 따지는 가심비 세대다. 착한 기업의 제품, 착한 원료를 사용한 제품, 착한 과정을 통해 만들어진 제품을 따져 고른다. 재활용품에 디자인을 가미하고 활용도를 높인 업사이클링(up-cycling) 제품도 가치 소비자임을 자처하는 MZ세대의 마음을 사로잡았다.

폐품을 명품으로 변신시킨 스위스 기업 프라이탁(FREITAG)이 대표적인 성공 사례다. 프라이탁은 트럭에서 떼어 낸 방수 천으로 가방을, 안전벨트를 재활용해 가방 끈을 만든다. 수년씩 사용하던 재활용 소재로 만들다 보니 똑같은 제품이 만들어질 리 없다. 개성과 가치와 메시지까지 담은 이 가방에 MZ세대 소비자들이 주목한 것이다.

MZ세대의 가치 소비는 빅데이터를 통해서도 확인된다. 2020년 11월에서 2021년 4월까지 MZ세대의 소비 트렌드 중 6개월간 급상승한 키워드를 분석해 보면 미닝 아웃, 신념, 가치 소비, 사회적, 환경, 비건 등이 상위 연관 키워드를 차지했다.[59] 이와 같은 MZ세대의 가치 소비는 기업들의 ESG 경영에 영향을 미칠 뿐 아니라 친환경 제품과 채식주의 식품 등 새로운 시장의 성장 동력이 되고 있다.

7 좌초 자산 Stranded Assets

"화석연료 문명은 2028년을 전후해 붕괴할 것이며, 전통
에너지 부문에 투자한 모든 자산은 좌초 자산이 될 것."
— 제러미 리프킨

자산 대변동

탈탄소 에너지로 전환한다는 말은 익숙했던 많은 것과의 결별을
의미한다. 그중 가장 큰 고통을 감내해야 할 부분은 화석연료와 관련
인프라다.

영국의 기후 금융 싱크탱크인 카본 트래커 이니셔티브는 화석연
료의 수요가 2020년에서 2027년 사이에 절정에 도달할 것으로 전망
한다. 가장 가능성 있는 시점은 2023년이다.[60] 이에 따라 청정에너지
로 전환하는 과정에서 수조 달러(수천 조 원) 규모의 좌초 자산이 발생
할 것이며, 빠른 쇄신에 실패하는 전통 에너지 기업과 산유국들은 치
명타를 입을 수밖에 없다고 주장한다.

미래학자이자 사회사상가인 제러미 리프킨 역시 화석연료 인프

라의 붕괴를 예언하는 대표적인 학자 중 한 명이다. 그는 화석연료 문명은 2028년을 전후해 붕괴할 것이며, 화석연료와 같은 전통 에너지 부문에 투자한 모든 자산은 '좌초 자산'이 될 것이라고 단언한다.[61]

시장 환경의 변화로 자산 가치가 예상치 못하게 급속히 평가절하되어 상각되거나 부채로 전환되는 자산을 의미하는 좌초 자산이 탄소 제로 사회로 이행하는 데 최대 걸림돌이자 해결 과제가 되고 있다.

물론 좌초 자산은 역사의 어느 시기에나 존재했다. 혁신적인 기술 개발은 늘 이전 세대의 주력 기술과 제품을 대체했고, 이 과정에서 좌초 자산의 발생은 불가피했다. 이런 의미에서 좌초 자산은 조지프 슘페터(Joseph A. Schumpeter)가 주창한 창조적 파괴(creative destruction)와 일맥상통한다. 슘페터의 창조적 파괴 이론에 따르면, 자본주의 경제는 혁신적인 기술의 등장으로 기존 산업이 파괴되거나 자연스럽게 퇴출되고, 이를 대체하는 신산업이 그 빈자리를 메우는 혁신 과정을 반복하며 발전한다. 이 과정에서 새로운 것과 대체되는 것 사이의 치열한 경쟁과 갈등은 피할 수 없다.

19세기 말에서 20세기 초, 마차가 자동차로 대체되던 시기를 보면 지금의 상황과 많은 유사점을 발견할 수 있다. 자동차가 등장하기 전, 도시의 주요 운송 수단은 마차였다. 당시 런던에서는 핸섬캡(hansom cab)이라는 이륜마차와 옴니버스(omnibus)라는 합승 마차가 주요 교통수단이었다. 수레나 짐마차까지 포함해 이것들을 끌기 위해 무려 30만 마리의 말이 거리를 누비고 다녔다. 뉴욕 역시 상황은 마찬가지로, 운송에 동원되는 말이 10만 마리에 달했다.

이동량 및 운송량의 증가와 함께 말의 수가 급증하면서 예기치 못한 문제가 발생했다. 바로 거리에 넘쳐나는 말의 배설물이다. 말은 마리당 하루에 약 10kg의 배설물을 쏟아 내는데, 이 양이 처리할 수 없을 정도로 늘어나 도시의 가장 큰 골칫거리로 떠올랐다. 1898년 뉴욕에서 최초로 개최된 도시 계획 관련 국제회의의 최대 쟁점은 말 배설물 처리 문제였다.[62]

좀처럼 해결의 실마리를 찾을 수 없었던 도시의 말 배설물 문제는 의외로 싱거운 결말을 맞게 된다. 바로 자동차가 등장하면서이다. 말의 배설물로 인해 도시가 해체될 수도 있다는 암울한 경고가 나오고, 말 배설물 처리 문제가 국제회의에서 열띤 토론 쟁점이 되기까지 한 지 불과 15년 만에 거리를 메운 자동차의 행렬로 인해 말의 배설물은 마차와 함께 사라졌다.

마차가 자동차로 대체되던 시기에 마부들은 마차의 통행을 위협한다며 정부에 자동차 통행 규제를 강력히 요청하고 시위까지 벌이며 저항했지만, 결국 일자리를 잃고 역사의 뒤편으로 사라졌다. 마차 산업은 급속히 쇠락했고, 마차를 만들던 기술자는 자동차를 만드는 기술자로 빠르게 대체되었다. 자동차라는 혁신적인 제품의 등장으로 인해 말과 마차는 좌초 자산으로 전락한 것이다.

화석연료의 좌초 자산화, 규모와 속도는?

좌초 자산이라는 개념은 카본 트래커 이니셔티브가 2011년 발표한 '태울 수 없는 탄소(Unburnable Carbon)'라는 보고서[63]에서 처음 제안되었다. 카본 트래커는 이 보고서에서 화석연료의 매장량이 얼마나 더 남았든 화석연료를 더 이상 태워서는 안 된다며, 남은 매장량 중 80%는 태울 수 없는 화석연료, 즉 좌초 자산이라고 주장했다.

탈탄소 에너지로 전환하는 과정에서 발생할 수 있는 좌초 자산은 화석연료는 물론 이를 기반으로 하는 모든 인프라와 관련 산업을 포함한다. 수요가 감소함에 따라 매장량이 남아 있는데도 채굴되지 못한 채 땅속에 남겨질 운명의 화석연료는 물론, 화석연료의 탐사에서 개발, 생산, 운송, 저장, 정제, 판매, 활용에 이르기까지 모든 밸류 체인에 해당하는 인프라와 연관 산업 역시 타격이 불가피하다.

탈탄소 에너지로 이행하는 과정에서 발생하는 좌초 자산이 문제가 되는 것은 바로 그 엄청난 자산 규모에 있다. 100여 년 전 자동차의 등장으로 인해 좌초 자산이 되었던 말과 마차 관련 운수 산업과는 비교조차 할 수 없는 거대한 규모의 좌초 자산이다. 과연 좌초 자산으로 전락할 운명의 화석연료 및 관련 인프라의 규모는 어느 정도에 달할까.

사례 1: 2050 넷제로 로드맵에 따른 좌초 자산

2021년 5월 국제에너지기구(IEA)는 '2050 넷제로 에너지 로드맵'이라는 보고서를 발표했다. 많은 메시지를 담고 있지만 요약하자면 2050년까지 넷제로를 실현하려면 얼마나 수없이 힘든 선택을 해야 하는지에 관한 내용이다. 선택만으로는 안 된다. 수많은 기술적 난관을 돌파해서 혁신적인 기술 개발에 성공해야 한다. 그러기 위해서는 막대한 투자가 뒤따라야 하고 투자를 위한 재원도 마련해야 한다. 재원 마련에는 사회적 합의도 필요하다.

포기하는 것도 선택해야 한다. IEA는 2050년 넷제로를 달성하기 위해서는 화석연료 공급과 관련한 신규 투자가 더 이상 이루어지지 않아야 한다고 제언한다. 2050년까지 석탄 수요는 2020년 대비 98%, 석유 수요는 75%, 천연가스 수요는 55% 감소해야 한다.[64] IEA가 제시한 2050 넷제로 로드맵대로라면 거의 모든 석탄 자산은 좌초 자산이 되며, 석유의 75%, 가스의 55%가 좌초 자산으로 전락하게 된다. 화석연료를 보유한 국가나 기업 입장에서는 팔 물건도, 밑천도 충분히 남아 있는데 장사를 접어야 하는 기가 막히는 상황이 된 것이다.

물론 이 예측은 2050년까지 전 세계 이산화탄소 배출량을 넷제로로 만든다는 국제사회의 야심 찬 목표가 달성된다는 것을 전제로 한다. 따라서 화석연료 수요가 실제로 얼마나 줄어들 것인지, 그 결과 좌초 자산이 되는 화석연료 자산이 어느 정도의 규모에 이를 것인지는 향후 혁신적인 기술의 등장 여부와 정책의 향방에 따라 변수가 많다.

사례 2: 2100년 지구 기온 상승폭 2도 vs. 1.5도 경우 좌초 자산

2020년 2월《파이낸셜 타임스》가 리스타드에너지, IPCC, IEA, WEC(세계에너지협의회) 등의 자료를 인용해 보도한 내용 역시 큰 틀에서 비슷한 메시지를 주고 있다.[65]《파이낸셜 타임스》는 2100년까지 지구의 기온 상승폭을 산업화 이전과 대비하여 2도 이내로 억제하는 시나리오와 1.5도 이내로 억제하는 시나리오에 따라 좌초 자산의 규모를 전망했다.

현재 에너지 기업들이 보유한 광산이나 유정의 화석연료에 담긴 탄소는 2910기가 톤으로 추정된다. 기온 상승을 2도 이내로 억제하기 위해 앞으로 지구에 주어진 탄소 예산(carbon budget)은 약 1200기가 톤이다. 탄소 예산이란 IPCC가 제시한 개념으로, 앞으로 배출할 수 있는 온실가스의 양이다. 태울 수 있는 탄소는 1200기가 톤밖에 없는데 2910기가 톤이나 남아 있으니, 여분의 1710기가 톤 분량의 화석연료는 좌초 자산이 된다. 이는 매장된 화석연료의 약 59%에 해당하는 양이다.

기온 상승을 1.5도 이내로 억제하기 위해서는 탄소 예산을 더 줄여야 한다. 이 경우 지구의 탄소 예산은 464기가 톤에 불과하다. 태울 수 있는 탄소가 464기가 톤인 상태에서 2910기가 톤이 남게 되므로 여분의 2446기가 톤 분량의 화석연료가 모두 좌초 자산이 되어 버린다. 매장된 화석연료의 무려 84%에 해당하는 양이다.

사례 2에서 제시한 두 개의 시나리오는 2100년까지 평균 지구 기온의 2도 상승을 마지노선으로, 1.5도 상승을 목표로 온실가스를 줄여 보자는 2015년 파리 기후변화협정의 합의를 전제로 한다. 사례 1은 이를 위해 2050년까지 탄소 중립을 달성하자고 세계 각국이 내건 야심 찬 목표를 전제로 한다.

두 사례는 모두 현재 국제사회가 내건 목표를 달성하기 위해서는 현존하는 화석연료의 60~80%가량이 좌초 자산이 되어야 함을 보여 준다.

하지만 2021년 8월 IPCC는 6차 보고서[66]에서 한층 더 암울한 전망을 내놓았다. 2018년 특별 보고서에서 지구 평균 기온의 1.5도 상승 시기를 2030~2052년경으로 예측했으나, 불과 3년 만에 이 시기를 10년이나 앞당긴 것이다. 2021~2040년 안에 지구 평균 기온이 산업화 시기와 대비하여 1.5도 이상 상승할 것이라는 전망이다.

그렇다면 현재 예측되는 규모보다 훨씬 더 많은 화석연료 자산이 훨씬 더 빠른 속도로 좌초되어야 한다는 결론에 이른다.

두 가지 과제: 전환 비용과 공정 전환

우리나라의 사정은 어떨까. 2021년 10월, 대통령 직속 탄소 중립 위원회는 '2050 탄소 중립 시나리오'의 최종안을 발표했다. 이 시나리오 역시 2050년까지 탄소 중립을 실현하는 것이 얼마나 달성하기 힘들고 고된 목표인지를 다시 한번 확인했다.

최종안은 A안과 B안 두 가지인데, A안에 따르면 2050년 넷제로를 달성하기 위해 석탄발전과 LNG 발전 모두 전면 중단된다. 반면 수소를 포함한 신재생에너지 발전 비율은 70%를 넘는다. 이 시나리오대로라면 석탄발전과 LNG 발전은 2050년까지 모두 좌초 자산화의 길을 걷게 된다. 석탄발전소는 물론 LPG(액화석유가스)와 도시가스 회사들까지도 전부 문을 닫아야 하는 상황인 것이다. B안은 석탄발전은 중단하되 LNG 발전의 일부는 남기는 방안이다.

'2050 탄소 중립 시나리오'에 대한 양극단적인 반응 역시 앞으로 탄소 중립을 위한 정책적 선택 또는 결단이 얼마나 가시밭길일지를 보여 준다. 환경 단체는 IPCC 등의 권고에 따르면 더 빠르고 강력한 감축이 필요한데, 최종안이 이를 담지 못했다며 비판한다. 반면 경제계와 산업계는 탄소 중립 시나리오의 산업 부문 감축 비중이 너무 높고, 국내 현실을 고려하면 실현할 수 없는 안이라는 의견이 지배적이다.

실제로 우리나라는 산업구조상 탄소 중립 실현에 더 큰 난관이 존재한다. 우리나라의 제조업 비중은 26.9%로 세계 2위이다. 1위인 중국(28.1%)과 근소한 차이다. OECD 국가 중에서는 단연 최고 수준이다. 미국과 영국 등의 제조업 비중은 10% 전후에 불과하다. 서비스업 비중 역시 54.8%로, 70%에 달하는 미국, 영국, 프랑스 등과 비교할 때 현저히 낮은 수준이다.[67]

제조업 중에서도 온실가스 배출이 많은 철강, 석유화학, 시멘트 3개 업종의 비중이 매우 높다. 이들 3개 업종의 전환 비용만도 2050년까지 최소 400조 원에 달할 것이라고 예측된다. 하지만 이는 대략적인 추정치에 불과하다. 2050 탄소 중립이라는 목표만 정해졌을 뿐 현실적인 로드맵에는 아직 다가서지 못한 단계다.

좌초 자산을 줄이기 위해서는 어떻게 해야 할까. 화석연료에서 탈탄소 에너지로 다리를 건너는 이행기에 에너지 포트폴리오를 어떻게 구성해야 할지에 대한 전략적 검토가 필요하다. 모든 에너지원의 가능성을 재평가하여, 건너갈 다리마저 불태우는 우를 범하지 말아야 한다. CCUS, 소형 모듈 원자로(SMR), 수소 등에 대한 적극적인 기술 개발과 에너지 믹스 전략으로 좌초 자산을 최소화할 방안을 모색해야 한다.

무엇보다 중요한 과제 중 하나는 정의로운 전환, 즉 공정 전환이다. 공정 전환 개념은 2018년 폴란드에서 개최된 COP24(24차 기후변화당사국 총회)에서 공식 도입되었다. 석탄발전소가 문을 닫으면 그곳에서 생계를 유지하던 사람들은 다 어디로 갈까? 철강 산업이 생산량을 줄이면 일자리를 잃는 사람들은 어떻게 할까?

에너지 전환기에 이해 충돌이 발생하는 일은 불가피하다. 특정 지역 또는 특정 업종에서 강한 구조 조정이 추진될 수도 있다. 하지만 전환 과정에서 특정 지역이나 업종의 노동자들에게 일방적인 희생을 치르게 해서는 안 된다는 것이 공정 전환이다. 에너지 전환의 비용을 누가, 어떻게 부담할 것인가의 문제는 에너지 전환 과정에서 해결해야 할 가장 시급하고도 중요한 과제 중 하나이다.

8   수소 사회 Hydrogen Society

"탈탄소화의 종착역에는 수소가 있다."

탈탄소의 끝판왕 수소

에너지 시프트의 핵심은 에너지의 '탈탄소화'다. 그리고 탈탄소화의 종착역에는 수소가 있다.

역사상 가장 오랜 기간 인류가 주 연료로 사용한 것은 무엇일까. 나무다. 하지만 나무는 산업혁명을 거치면서 빠르게 석탄으로 대체되었다. 그 뒤 석유와 천연가스가 주요 에너지원으로 등장했다. 이와 같은 주요 에너지원의 변천 과정은 에너지의 '탈탄소화'를 여실히 보여 준다.

인류가 사용해 온 주요 에너지원의 수소 대비 탄소 비율을 살펴보자. 나무를 10이라고 했을 때(수소 원자 한 개당 탄소 원자 열 개의 비율) 석탄은 2, 석유는 0.5, 천연가스는 0.25다. 탄소를 전혀 포함하지 않은 수소는 당연히 0이다.[68] 탄소를 포함하지 않으니 이산화탄소를 배출할 리 없다. 수소야말로 탈탄소의 끝판왕, 궁극적인 청정에너지라 할 수 있다.

수소는 우주에서 가장 오래된 원소다. 동시에 우주에 존재하는 모든 원소 중 가장 가볍다. 또한 우주 질량의 약 75%를 차지할 정도로 가장 풍부하다. 주기율표 속 원소 번호 1번. 수소는 무한하게 존재할뿐더러 깨끗하고, 안정적이다. 게다가 무엇보다도 저장이 가능하다는 점에서 인류의 궁극적인 에너지원으로 기대를 받고 있다.

인류의 꿈의 에너지 수소. 수소 시대는 과연 오는 걸까.

2000년대 초, 세계는 수소 경제에 대한 기대로 한껏 부풀었다. 제러미 리프킨은 2002년 『수소 혁명』에서 인간 문명을 재구성할 강력하고 새로운 에너지 체계가 부상하고 있다며 수소 시대를 예고했다. 하지만 정말 수소 사회가 도래할지에 대해서는 항상 의문이 존재해 왔다.

가장 근본적인 의문은 경제성에서 출발한다. 수소는 질량이 가벼워 홀로 존재하지 못한다. 산소나 탄소 등과 결합된 화합물(H_2O, CH_4 등) 형태로만 존재한다. 따라서 수소를 에너지원으로 사용하려면 우선 화합물로부터 수소를 떼어 내야 한다. 태양광발전이나 풍력발전의 원료인 햇빛이나 바람은 자연 상태에서 직접 얻을 수 있는 반면, 수소는 별도의 과정을 통해 만들어 내야 얻을 수 있다. 경제성에 태생적 한계가 있는 것이다.

20년이 지난 지금, 경제성 확보와 기술적 난관 등에 부딪혀 그 열기가 한풀 식었던 수소 경제가 다시 기대를 모으고 있다. 기후 위기가 심각해지면서 에너지 시프트가 시급하고도 필연적인 과제로 대두되자 다시금 수소에 희망을 거는 상황이라 할 수 있다. 과연 이번에는 정말 수소 경제를 꽃피울 수 있을까.

'탈탄소'의 관점에서 수소 경제는 꽃길이다. 우선 수소는 그 자체로 이산화탄소를 배출하지 않는 탈탄소 에너지원이다. 더 주목할 점은 수소가 '에너지 캐리어'로서도 놀라운 강점을 보유한다는 사실이다. 수소가 에너지 캐리어로서 저장과 운송이 가능하다는 것은 어떤 의미일까.

에너지의 전기화와 수소의 놀라운 강점

에너지 캐리어로서의 수소의 역할은 탄소 중립의 핵심 전략으로 부상하고 있는 '전기화'와 밀접히 연결된다. 국제에너지기구는 탄소 중립을 위해서는 수송, 산업, 건물 부문의 '전기화'가 필수라고 제시한다. 즉 이제까지 수송, 산업, 건물 부문에서 사용되던 화석연료를 저탄소 전기로 대체해 나가야 한다는 것이다. 이 경우 전력 수요는 2050년까지 2.5배 증가할 것으로 전망했다.[69]

10년 후를 생각해 보자. 도로를 달리던 내연기관차의 상당수는 전기차로 바뀌었을 것이다. 데이터 센터의 전력 소비도 급증할 것이다. 5G, 빅데이터, 인공지능(AI), 가상현실(VR) 등의 이용이 폭증하기 때문이다. 이 외에 산업 부문에서도 많은 탄소 집약적인 활동들이 전기화될 것이다. 이 전기를 어떻게 감당할까. 그것도 깨끗한 전기로만 말이다.

태양광과 풍력 등 재생에너지가 더 강력한 역할을 해야 하는 이유이자 이 시장이 커질 수밖에 없는 배경이다. 그런데 신재생에너지로 생산되는 전기의 가장 큰 문제는 간헐성이다. 즉 햇빛이 없는 밤이나 바람이 불지 않는 날에는 전기를 얻을 수 없다. 반면 전기가 너무 많이 생산되면 전력망의 용량을 초과해서 남게 된다. 남는 전기는 그 자체로 저장할 길이 없다. 이런 단점을 보완하는 것이 전기를 저장할 수 있는 수소다. 남는 전기로 수소를 만들어 저장해 두고 필요할 때 쓰는 것이다. 재생에너지 대국인 독일은 이미 태양광과 풍력의 잉여 전력을 활용해 수소를 생산하고 있다.

앞으로 기술 발전과 규모의 경제로 현저히 낮은 가격에 대량의 수소를 생산할 수 있다면, 수소는 탄소 중립을 가능하게 할 가장 혁신적인 생태계를 만들 수 있을 것으로 기대된다.

최근 한국 정부는 탄소 중립의 핵심 축으로 수소 경제로의 전환을 선포했다. 2019년 1월 '수소 경제 활성화 로드맵'을 발표한 이후 세계 최초로 수소법을 제정하고, 수소 경제로의 이행을 위한 제도적 기반을 구축해 왔다. 2021년 10월에는 '수소 선도 국가 비전'[70]을 발표했다. 수소를 대한민국의 첫 번째 에너지가 될 수 있도록 수소 경제 생태계를 속도감 있게 구축해 나간다는 것이다. 그러기 위해 수소가 모든 일상에서 활용되도록 수소 사용량을 현재의 22만 톤 수준에서 2050년 2700만 톤 수준까지 100배 이상 확대하고, 이 과정에서 글로벌 수소 기업을 30곳 육성하고, 수소 관련 일자리도 5만 개 창출한다는 계획이다.

'수소 선도 국가 비전'은 생산, 유통, 활용 등 수소 경제의 전 주기를 아우르는 생태계 구축에 대한 계획을 담고 있다.

첫째, 그린 수소와 블루 수소 등 청정 수소 생산을 본격화해 현재 그레이 수소를 중심으로 하는 수소 생산에서 벗어나 2050년 청정 수소 생산 비율을 100%까지 끌어올린다. 국내 생산만으로는 부족한 만큼 청정 수소의 해외 도입도 확대한다.

둘째, 청정 수소를 편리하게 사용하도록 수소 인프라 구축도 강화한다. 암모니아 추진선과 수소 운반선을 조기에 상용화하고 수소 항만을 조성해 해외 수소의 도입 기반을 신속히 구축한다. 수소차 충전소 역시 2030년까지 660기, 2050년에는 2000기 이상으로 대폭 확충한다.

셋째, 모든 일상에서 수소가 활용되도록 수소 산업 생태계의 경쟁력을 강화한다. 2030년까지 수소차 가격은 현재의 절반으로, 주행 거리는 2배로 늘려 수소차 경쟁력의 초격차를 유지한다. 수소 연료전지발전을 확대하고 산업 분야의 탄소 중립에도 활용하는 등 수소 활용을 적극 확대한다.

수소 경제 밸류 체인: 생산, 저장, 운송, 충전, 활용

수소 생태계를 이해하기 위해 수소 경제 밸류 체인을 살펴보자. 수소 경제 밸류 체인은 크게 수소의 생산, 저장, 운송, 충전, 활용의 5단계로 구성된다.

수소경제 밸류체인

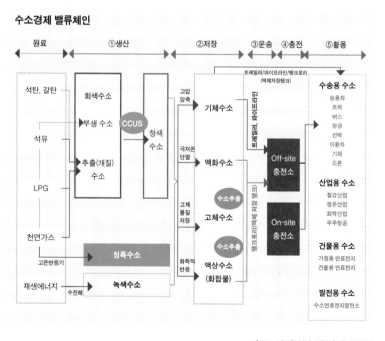

자료: 삼정KPMG경제연구원

예를 들어 수소차를 타고 도로를 달리기까지는 다음과 같은 과정이 필요하다. 1) 수소를 만든다. 2) 생산된 수소를 저장한다. 3) 저장된 수소를 운송한다. 4) 운송된 수소를 충전소의 연료 탱크에 다시 저장한다. 5) 수소를 수소차에 주입한 후 도로를 달린다.

이 5단계 과정의 수소 밸류 체인을 구체적으로 살펴보자.

수소 생산

수소는 생산 방식에 따라 그레이 수소, 블루 수소, 그린 수소로 나누는데, 각기 친환경성과 경제성에 큰 차이가 있다.

그레이 수소는 개질 수소와 부생 수소가 대표적이다. 개질 수소란 천연가스와 물을 고온, 고압에서 반응시켜 수소를 생산하는 방식이다. 생산 단가가 낮아 경제성은 월등하지만, 생산 과정에서 이산화탄소를 배출하기 때문에 친환경성이 떨어진다. 석유화학 공정이나 철강 제조 과정에서 발생하는 수소를 뽑아내는 방식의 부생 수소 역시 경제성은 높지만 친환경성이 떨어지고 생산량에도 한계가 있다. 하지만 그냥 버려지던 부생 수소를 활용하는 이 방식은 석유화학과 철강 산업 비중이 높은 우리나라에서는 활용 잠재력이 높다.

블루 수소는 그레이 수소를 생산하는 과정에서 발생하는 이산화탄소를 CCUS[71]라는 장치를 활용해 포집, 저장해서 이산화탄소 배출을 줄인 수소다. 친환경성을 보완하는 방식이지만 효율성이 떨어지고 비용이 증가한다는 문제가 있다.

그린 수소는 재생에너지로 만든 전기를 이용해 물을 분해해서 얻은 수소로, 탄소를 배출하지 않는 탄소 지우개의 완결판인 동시에 탄소 중립의 필수 요소다. 다만 현재 글로벌 수소 생산의 대부분을 차지하는 그레이 수소에 비해 몇 배에 달하는 생산 단가가 최대 걸림돌이다. 그린 수소 생산 비용 중 가장 비중이 큰 것은 재생에너지 발전 단가이고, 두 번째는 전해조 설비비이다. 향후 재생에너지 발전 단가는 지속적으로 하락할 것으로 예상되어, 스택 최적화 설계 등을 통해 전해조 설비비를 낮추는 것이 관건이다.

수소 저장

수소를 저장하는 방식은 다양한데, 무엇보다 안전성과 효율성이 관건이다. 대표적인 저장 방식은 고압 수소, 액화 수소(LH_2), 액상 유기수소 운반체(LOHC), 액상 암모니아 등이 있다.

고압 수소 저장 방식은 말 그대로 기체에 높은 압력을 가해 부피를 줄여 압력 용기에 저장하는 것으로, 현재 가장 보편화된 기술이다. 기술적으로 큰 어려움이 없고 소량 이용에 적합하다는 장점이 있다. 하지만 고압으로 저장할 때 많은 에너지가 필요하고 대용량 이용이 어렵다는 단점이 있다. 또한 용기가 폭발할 위험이 있어서 내구성이 강한 안전한 용기를 개발하는 것이 관건이다.

액화 수소(LH_2) 저장 방식은 수소를 영하 253℃에서 냉각한 후 압력을 가해 액화하여 저장하는 것이다. 액체 상태는 기체 상태보다 부피가 작고 밀도가 높기 때문에 저장 압력이 낮아 운송 안정성이 높다는 이점이 있다. 상압(평상시 압력)에서도 저장이 가능해 고압 수소 저장 방식에 비해 운송 효율이 10배 이상 높다. 반면 액화 과정에서 많은 에너지가 필요하며, 용기 내에서 수소가 증발해 에너지 손실이 크다는 단점이 있다. LNG 기지를 보유한 국내 기업들은 LNG가 기화할 때 발생하는 냉열을 수소 액화 과정에 활용해 생산 비용을 크게 줄일 수 있어 액화 수소 방식에 대대적으로 투자를 하고 있다.

액상 유기수소 운반체(LOHC) 저장 방식은 수소를 액체 상태의 유기 용매에 녹여 액화하여 저장하는 것이다. 대량의 수소를 상온, 상압에서 안전하게 저장, 운송할 수 있다. 그뿐 아니라 기존 석유 인프라를 그대로 활용할 수 있어 비용 역시 획기적으로 절감된다. 현재 LOHC 중 상용화 가능성이 큰 다양한 후보군(물질)을 대상으로 연구가 진행 중이다.

액상 암모니아 저장 방식은 수소를 액상 암모니아 형태의 화합물로 변환해 저장하는 것이다. 액상 암모니아는 액화 수소보다 저장 밀도가 더 높아 단위 부피당 약 1.5배의 수소를 더 저장할 수 있다. 운송비도 상대적으로 낮다. 이러한 장점 때문에 최근 해외에서 생산한 대용량의 그린 수소를 국내로 들여올 때 가장 경쟁력 있는 기술로 크게 주목받고 있다. 다만 암모니아가 독성 물질이라는 치명적인 단점 때문에 유통에 한계가 있을 것으로 보기도 한다.

수소 운송

수소를 운송하는 방식에는 튜브 트레일러 방식, 파이프라인 방식, 탱크로리 방식의 세 가지가 있다.

튜브 트레일러란 특장차 위에 카트리지 형식의 고압 수소가스 저장 용기(CHS, Compressed Hydrogen Storage)를 장착한 운송 장비다. 그중 비금속 재질인 탄소 섬유 복합재로 만들어진 타입4 수소 저장 용기가 차세대 용기로 주목받고 있다. 타입4 수소 저장 용기는 기존의 금속제 탱크에 비해 강도는 10배 이상, 저장 효율성은 3배 이상 높고, 중량은 3분의 1에 불과하다. 수소차 초기 시장에서 가장 경제적인 운송 방식으로 평가된다.

파이프라인 방식은 배관망을 연결해서 운송하는 형태이다. 설치 비용이 높아서 효율적이지 않고, 지하에 배관을 설치해야 해서 설치 기간도 오래 걸린다. 기존의 천연가스 파이프라인을 수소 파이프라인으로 전환할 수 있는 기술적 가능성에 대해 연구가 진행 중이다.

중장기적으로는 수소의 대규모 운송에 효율적인 액화 수소식 탱크로리 방식이 주목받고 있다. 튜브 트레일러 방식에 비해 운송량이 10배 이상 많고, 운송비 역시 저렴하다. 하지만 초기 인프라 투자 비용이 높다는 것이 가장 큰 단점이다.

수소 충전

수소 충전은 내연기관차가 주유소에서 가솔린이나 디젤 등의 연료를 주입하는 것과 마찬가지로 수소 충전소에서 이루어진다. 수소 충전소는 수소의 공급 방식에 따라 크게 오프사이트(저장식)형과 온사이트(제조식)형으로 구분된다. 오프사이트형은 수소를 튜브 트레일러에 싣고 와서 탱크에 저장했다가 충전하는 방식이다. 기존의 주유소와 가장 유사한 방식이다. 반면 온사이트형은 도시가스를 연료로 수소 추출기를 통해 현장에서 직접 수소를 생산, 압축해서 공급하는 충전 시설을 말한다. 현장에서 직접 수소를 생산하기 때문에 튜브 트레일러에 수소를 싣고 오는 운송 과정이 생략되며, 공급 단가도 낮출 수 있다. 반면 수소 추출기 설치 등 초기 투자 비용이 높다는 것이 진입 장벽으로 작용한다.

수소 활용

수소의 경제성이 개선되어 충분한 양의 수소를 낮은 가격에 확보할 수 있다면 그 활용은 극적으로 확대될 것으로 보인다. 특히 최근 연료전지 기술이 급속히 발전하면서 모빌리티(수송) 분야와 발전 분야 모두 급성장하리라고 기대된다. 특히 수소차는 배터리 전기차에 비해 충전 시간이 짧고, 주행 거리가 길다는 등의 강점을 지닌다. 이로 인해 승용차뿐 아니라 버스, 트럭, 선박, 열차, 비행기 등 다양한 운송 수단에 이용할 수 있다. 나아가 수소는 철강, 화학, 정유 산업 등에서 광범위하게 사용되며 오염 물질을 줄여 탄소 중립의 실현을 앞당길 것이다.

9 재생에너지 혁신 Innovation of Renewable Energy

"재생에너지는 기후변화라는 도전으로부터 인류를 구하고
21세기의 새로운 문명을 꽃피우게 할 원동력이 될 것인가."

10년 만에 82% 하락한 태양광발전 비용

돌은 석기시대에도, 청동기시대에도 있었다. 그리고 지금도 있다. 석기시대가 막을 내리고 청동기시대가 시작된 것은 인류가 돌을 다 써 버려서일까. 물론 아니다. 완전히 다른 차원의 도구인 청동기가 등장하면서 석기를 대체하였기 때문이다. 이후 인류는 청동기라는 금속 재료를 사용하면서 찬란한 문명을 꽃피웠다.

훗날 후세대가 인류의 역사를 기록할 때, 지금의 시점은 어떻게 기록될까? 아마도 화석연료 시대가 막을 내리고, 재생에너지가 화석연료를 대체하게 된 역사적 시기로 기록될 것이다. 이는 물론 화석연료를 다 써 버렸기 때문이 아니다. 화석연료와는 완전히 다른 차원의 새로운 에너지원인 재생에너지가 개발되고 있기 때문이다. 재생에너지는 기후변화라는 도전으로부터 인류를 구하고 21세기의 새로운 문명을 꽃피우게 할 원동력이 될 것인가.

　　세계 재생에너지 정책 네트워크인 REN 21[72]에 따르면 2019년 재생에너지는 전체 발전의 27.3%를 차지했다. 구성 내역을 살펴보면 수력발전 15.9%, 풍력 5.9%, 태양광 2.8%, 바이오 에너지가 2.2%다. 재생에너지는 최근 10년간 빠르게 확대되어 왔으며, 2019년 재생에너지 신규 설비 용량은 처음으로 200GW를 돌파하였다. 그중에서도 태양광발전과 풍력발전의 성장세는 두드러진다.

　　재생에너지 발전이 급격히 증가한 것은 기술 발전, 규모의 경제, 경쟁 확대, 금융 및 운영 관리 비용 하락 등으로 재생에너지의 경제성과 효율성이 크게 개선되었기 때문이다. 『2020 신재생에너지 백서』에 따르면, 2019년 대형 발전소의 재생에너지 발전 비용(달러/kWh)은 10년 전에 비해 큰 폭으로 하락했다. 2010년에 비해 태양광은 82%, 육상 풍력은 39%, 해상 풍력은 29%나 하락했다.[73]

　　국제에너지기구의 「세계 에너지 전망 2019」의 기준 전망 시나리오에 따르면 재생에너지 발전 비중은 2018년 26%에서 2030년 37%, 2040년에는 44%에 달할 것으로 전망된다. 이러한 전망이 실현되기 위해서는 태양광과 풍력의 기술 혁신과 비즈니스 모델 혁신으로 경제성과 효율성이 더 확보되는 선순환의 생태계가 구축되어야 할 것이다. 태양광발전에서는 차세대 태양전지인 페로브스카이트 태양전지가, 풍력발전은 대형화와 해상 풍력이 주목을 받고 있다.

차세대 태양전지, 페로브스카이트 태양전지

태양전지는 태양의 빛에너지를 전기에너지로 바꾸는 '광기전 효과(Photovoltaic Effect)'를 이용한 전기기구다. 반도체 표면에 빛을 비추면 전자와 정공이 형성된다. 이 전자와 정공이 반대 방향으로 움직여, 외부 회로를 통해 전하 운반자가 이동하면서 빛에너지가 전기에너지로 바뀐다.

현재 태양전지 시장에서 90% 이상을 점유하는 것은 폴리실리콘으로 만든 실리콘계 태양전지다. 실리콘계 태양전지는 폴리실리콘-잉곳-웨이퍼-셀-태양광 모듈 과정을 거쳐 만들어진다. 2008년 이후한때 폴리실리콘 가격이 상승하여 실리콘 대신 유리나 스테인리스 스틸 등을 이용해 만드는 박막 태양전지 보급이 확대된 적이 있다. 이 시기에 실리콘계 태양전지의 시장 점유율은 80%대로 감소하였다. 그러나 2011년 이후 폴리실리콘 가격이 급락하면서 균등화 발전 비용(LCOE)이 낮고 효율이 높은 실리콘계 태양전지가 다시 시장을 주도하고 있다.[74]

최근에는 실리콘계 태양전지와 박막 태양전지를 이을 차세대 태양전지로 페로브스카이트 태양전지가 주목받고 있다. 페로브스카이트는 1839년 러시아 우랄산맥에서 발견된 광물로, 19세기 러시아광물학자 레프 페로브스키(Lev Perovski) 이름을 딴 명칭이다. 원래 $CaTiO_3$ 광석을 가리켰으나, 현재는 ABX_3와 같은 결정 구조를 갖는 물질을 총칭하는 용어로 쓰인다. 전기 전도성이 뛰어나 광전 효율이 높다.

페로브스카이트 태양전지는 실리콘 대신 페로브스카이트라는 물질을 광활성층으로 사용하는 태양전지다. 2009년 도인요코하마 대학의 미야자카 쓰토무 교수가 페로브스카이트 소재를 태양전지 소재로 쓸 수 있음을 밝혀낸 이후 여러 가지 장점이 부각되며 태양전지의 게임 체인저로 주목받았다.

첫째, 희귀 원소를 사용하지 않고 저렴한 화학 소재를 사용해 실리콘 대비 값이 싸다. 둘째, 1400도 이상의 고온 공정을 거쳐야 하는 실리콘계 태양전지와 달리 200도 이하에서의 저온 공정이 가능하다. 셋째, 부러지기 쉬운 실리콘 소재와 달리 가볍고 얇으며, 구부러지기 쉬운 유연성을 지닌다. 따라서 기존의 실리콘계 태양전지에서는 상상할 수 없었던 장소에 설치하거나 물건에 붙여서 사용할 수 있다는 것이 최대 장점이다. 앞으로 기술 개발이 더 진척된다면 건물의 외벽은 물론 도심 속 건물 유리창에 설치하거나, 페로브스카이트 태양광 모듈이 자동차 선루프를 대체할 수도 있다. 이는 설치하는 데 독립된 넓은 면적이 필요했던 실리콘계 태양전지의 한계를 극복하는 것으로, 페로브스카이트 태양전지를 통해 도심 자체가 신재생에너지 발전소로 바뀌는 장면도 상상해 볼 수 있다.

하지만 페로브스카이트 태양전지가 기존 실리콘계 태양전지에 비해 효율과 내구성이 떨어진다는 것은 해결 과제다. 2021년 2월 한국화학연구원의 서장원 박사 연구팀은 광전환변환효율을 25.2%까지 높인 차세대 태양전지 페로브스카이트에 관한 연구를 발표해 세계적인 과학 저널 《네이처(nature)》의 표지를 장식하였다.[75] 실리콘계 태양전지의 최고 효율이 26.7%[76]인 것을 감안하면, 고무적인 성과라 할 수 있다.

하지만 아직까지 상용화 단계에는 이르지 못했다. 이러한 문제점을 보완하기 위해 한국 정부와 기업은 탠덤 태양전지(Tandem cell)의 양산화를 추진하고 있다. 탠덤 태양전지는 1+1 태양전지로, 결정질 실리콘계 태양전지 위에 페로브스카이트 박막 태양전지를 적층해 만든 셀이다. 위쪽에 자리한 페로브스카이트에서 단파장 빛을 흡수하고, 아래쪽 실리콘에서 장파장 빛을 흡수해 효율을 극대화한다.[77]

페로브스카이트 태양전지와 탠덤 태양전지 등 차세대 태양전지가 기술 혁신으로 상용화에 성공한다면 태양전지는 새로운 재생에너지 시대의 막을 열 수 있을 것이다.

풍력발전의 두 가지 트렌드, 대형화와 해상 풍력

스탠퍼드 대학의 연구에 따르면, 전 세계 가용 풍력의 20%만 활용해도 현재 글로벌 경제를 운용하는 데 사용되는 전력의 일곱 배를 생산할 수 있다.[78]

풍력발전은 바람의 운동에너지를 이용해 블레이드(blade, 회전날개)를 회전시켜 전기에너지를 생산하는 발전 방식이다. 풍력 터빈은 블레이드의 회전운동 에너지를 기어 박스(gear box)에 전달하는 주축(main shaft), 주축의 저속 회전을 고속 회전으로 변환시키는 기어 박스, 기어 박스로부터 받은 기계적 에너지를 전기에너지로 전환시키는 발전기(generator), 전력 변환 장치(PCS), 타워(tower)로 구성되어 있다.

운동에너지의 물리 법칙에 따라 풍력발전량은 회전 면적에 비례하고, 풍속의 세제곱에 비례한다.[79] 따라서 회전 면적을 키우고 풍속이 강한 곳에 설치하는 것이 효율적이다. 회전 면적을 키우기 위해 블레이드를 포함한 풍력발전기를 대형화하고, 풍속이 강한 해상에 풍력발전을 확대하는 것이 풍력발전 혁신의 두 가지 트렌드가 되고 있다.

전 세계적으로 풍력발전은 기술 발전과 규모의 경제에 힘입어 풍력터빈 가격은 2008년 W당 1.17유로에서 2018년에는 0.66유로로 낮아지는 한편, 용량은 대형화되어 왔다. 싸고 효율적으로 바람을 이용하기 위한 풍력터빈의 대형화는 앞으로 더 가속화될 전망이다. 육상 풍력 터빈의 평균 용량은 현재 3.4MW에서 2050년 5.7MW로, 해상 풍력 터빈은 더욱 대형화하여 현재 7MW에서 2050년 19MW 수준까지 커질 전망이다.[80]

100m 이상의 초대형 블레이드 개발 경쟁도 치열하다. 미래 풍력발전의 선두주자를 결정하는 것은 초대형 블레이드 개발의 상용화 여부에 달려 있다고 평가된다. 100m라면 아파트 30~35층 높이이다. 블

레이드 날개 끝단의 회전 속도는 평균 시속 약 300km 이상이다. 아파트 35층 높이의 블레이드가 KTX의 속도로 돈다고 생각하면 된다. 따라서 거친 풍속과 회전으로 인한 하중을 견딜 수 있는 내구성이 중요하다. 통상적으로 풍력발전기는 설계수명 20년을 가정해 개발되기 때문에 블레이드나 기타 설비들이 20년 동안 이물질에 의한 충격이나 낙뢰 등으로부터 견딜 수 있는 내구성 역시 필수불가결하다. 따라서 풍력발전을 대형화하면서 내구성을 높이고 무게를 줄일 수 있는 소재 개발도 경쟁력의 관건이 될 전망이다.

풍력발전 용량이 대형화하는 한편 해상 풍력도 증가하고 있다. 세계 풍력발전 설치 용량은 2010년 180GW에서 2019년 622GW로 연평균 14.7% 성장했다. 같은 기간 육상 풍력은 연평균 14.4% 증가한 반면, 해상 풍력은 연평균 28.1% 증가했다. 해상 풍력은 육상 풍력에 비해 바람이 세고 많은 양의 바람을 확보할 수 있으며, 상대적으로 소음 문제도 작다. 입지 측면에서도 입지 선정이 비교적 자유롭고, 인구가 밀집된 해안 지역에 대규모 단지를 조성할 수 있어 이용률이 높다는 장점이 있다. 이로 인해 해상 풍력 시장은 앞으로 30년간 연평균 11.5%씩 성장하여 전 세계 누적 설치 용량은 2030년 228GW, 2050년 1000GW에 달할 것으로 전망된다.[81]

하지만 해상 풍력은 설치 비용이 육상 풍력에 비해 높고, 해저 케이블을 통한 육상 변전기까지의 계통 연계 비용 등과 같은 경제성이 과제로 남아 있다. 특히 해안에서 멀어질수록 비용이 더 소요된다. 수심 60m까지만 설치 가능한 고정식 해상 풍력과 달리, 수심 60m 이상에서도 설치할 수 있는 부유식 해상 풍력은 상대적으로 경제성과 기술 개발 측면에서 갈 길이 더 멀다. 중장기적으로 해상 풍력으로 생산한 전기를 활용해 그린 수소를 생산한 뒤 운송한다면 해상 풍력의 계통 문제를 해결하고, 탈탄소의 끝판왕으로 불리는 수소 경제와의 시너지 창출도 가능할 것이다.

비즈니스 모델 혁신이 중요하다 : 솔라 리스

현재의 태양광 산업은 미국의 초기 자동차 산업과 유사점이 많다. 자동차 산업이 말을 중심으로 하는 운송 산업에 변화를 가져왔듯이, 태양광 산업은 화석연료 중심의 에너지 산업에 변화를 가져오고 있다. 초기 자동차 산업이 규모의 경제를 이루며, 기업 간 경쟁과 기술 혁신으로 원가 절감을 이루었듯이, 태양광 산업 또한 유사한 동인으로 원가 절감을 하며 크게 성장했다.

기술 혁신 못지않게 할부 금융이라는 비즈니스 모델 혁신을 통해 자동차와 태양광이 널리 보급되게 한 점 또한 유사하다. 1918년 미국에서는 8% 정도의 가정에서 자동차를 보유하였으나, 1930년경에는 무려 80%의 가정이 자동차를 보유하게 되었다. 1919년 제너럴 모터스가 설립한 자동차 할부 금융 회사 GMAC(General Motors

Acceptance Corporation)가 급속한 자동차 보급의 일등공신이었다.

태양광 시장도 이와 유사하다. 2008년 태양광 전문 기업인 선에 디슨(SunEdison)이 '서비스로서의 태양광' 개념을 도입하고, 실리콘밸리의 태양광 설치 업체인 솔라시티가 '솔라 리스(Solar Lease)'라는 금융 상품을 만들면서 태양광발전에 대한 수요는 폭발적으로 늘어났다. 그 결과 2009년 이후에는 매년 거의 2배씩 성장하기에 이르렀다.[82]

솔라 리스란 말 그대로 주거용 태양광 임대 프로그램이다. 주택 또는 건물 주인은 솔라 리스를 통해 초기 설치 비용 부담 없이 주택이나 건물 지붕에 태양광 패널을 설치하고, 이를 통해 생산되는 모든 전기를 사용할 수 있다. 그 대가로 태양광 패널을 임대하는 설치 업체 측에 계약 기간 동안 일정 금액의 리스 요금을 매달 지불한다. 솔라 리스의 가장 큰 장점은 무엇보다 설치 초기에 계약금이 없어 목돈이 필요치 않다는 점이다. 또한 태양광의 유지 수선을 설치 업체가 책임지기 때문에 관리의 어려움도 없다. 게다가 리스 요금은 일반적으로 태양광발전을 통한 전기 요금 절약분보다 적다. 그렇다면 설치 업체는 어떤 메커니즘을 통해 수익을 낼까. 설치 업체는 리스 요금을 받는 한편, 태양광 설치에 있어 규모의 경제를 실현함으로써 비용 경쟁력을 확보하고 더불어 재생에너지 관련 세액 공제 혜택을 누릴 수 있다.

솔라 리스와 유사한 금융 상품으로 '태양광 전력 구매 계약(Solar Power Purchase Agreements)'이 있다. 솔라 리스는 리스 요금이 태양광발전의 생산 규모에 관계없이 일정한 반면, 태양광 전력 구매 계약은 태양광발전의 생산 규모에 따라 요금이 변동된다는 차이가 있다.

　2013년 미국의 솔라시티는 사상 최초로 5440만 달러의 주택용 태양광 자산 담보부 채권을 발행했다. 이는 태양광발전을 금융 증권화함으로써 주택용 태양광 금융 시장을 유동화하는 계기가 되었다.[83]

　한국의 경우는 단독주택보다 아파트형 주택이 많고, 주택과 빌딩들이 밀집해 있어 태양광 확보를 위한 충분한 공간이 부족한 상태다. 이로 인해 주택이나 빌딩 지붕 위에 설치하는 솔라 리스는 활성화되지 못하고 있다.

　국내 태양광 수요의 90% 이상은 발전사의 신재생에너지 공급의무화제도(RPS)를 통해 발생한다.[84] 한국의 경우도 페로브스카이트 태양전지 기술 혁신으로 건물 외벽에 태양광 전지를 설치할 수 있다면, 솔라 리스 형태의 금융 상품을 이용한 비즈니스 모델도 가능할 것으로 전망된다.

10 탄소 발자국 줄이기 Footprint Reduction

"탄소 발자국을 측정하고, 줄이고, 상쇄하는 것이 기업과
제품의 수출 경쟁력을 좌지우지한다."

발자국이 난 자리를 알아야 발자국을 지울 수 있다

성적과 관련된 이야기는 누구나 피하고 싶겠지만, 탈탄소 시대로
가는 길에 피할 수 없는 것 중 하나가 바로 탄소 성적이다. 탄소 성적
을 논하기 이전에 그 기본이 되는 탄소 발자국(carbon footprint)의 개념
을 먼저 살펴보자.

탄소 발자국은 1990년대에 등장한 생태 발자국(ecological
footprint)이라는 개념에서 비롯되었다. 생태 발자국이란 자연에 남겨
진 사람의 발자국이라는 의미로, 사람이 살면서 한평생 자연에 남긴
영향을 토지 면적으로 환산한 수치다. 즉 한 사람이 살아가면서 일상
적인 활동을 하는 데 필요한 모든 자원과 에너지, 폐기 비용을 땅의
크기로 바꾸어 표시한 것이다.

같은 논리로 탄소 발자국이란 개인이나 기업, 국가 단위에서 행해지는 모든 활동과, 제품의 전 생애 주기에서 발생한 모든 온실가스의 총량을 수치로 나타낸 것이다. 생태 발자국 개념처럼 사람이 살아가면서 배출한 온실가스 역시 탄소 발자국을 남긴다는 의미이다. 이산화탄소 환산톤(tCO_2eq)이라는 단위로 측정되는데 메탄, 이산화질소 등 다른 온실가스의 배출량도 이산화탄소 배출량으로 환산해서 단일화한다.

발자국이 난 자리를 알아야 그 발자국을 지울 수 있듯이 탄소를 줄이기 위해서는 탄소가 어디에서, 얼마나 배출되고 있는지를 알아야 한다. 탄소를 줄이기 위해 탄소의 발자취를 따라가는 것이 바로 탄소 발자국 개념이 도입된 근본적인 이유다.

이 개념이 대중에게 널리 알려진 계기는 아이러니하게도 탄소 발자국을 가장 많이 찍어 내는 기업 중 하나인 영국의 석유 기업 BP의 광고 캠페인이다. 2000년대 초, 브리티시 페트롤륨(British Petroleum)은 사명을 BP라는 약자로 바꿨다. 그리고 BP가 'Beyond Petroleum(석유를 넘어서)'을 의미한다고 홍보하며, 청정에너지로의 전환을 통해 종합 에너지 회사로 도약하겠다는 자사의 전략을 대대적으로 홍보했다. 석유회사가 사명에서 석유라는 단어까지 지워 가며 석유 기업을 넘어서겠다고 하는 이 캠페인은 대중의 관심을 끌기에 충분했다.

BP는 2005년 자사 웹사이트에 세계 최초의 탄소 발자국 계산기를 내걸었다.[85] 개인들이 각 가정 내에서 얼마나 많은 이산화탄소를 배출하는지를 직접 계산할 수 있도록 하는 프로그램이다. 지금은 탄소 발자국을 계산할 수 있는 많은 프로그램이 있지만, 당시로서는 새로운 시도였다. 탄소 발자국은 BP의 광고에도 등장했다. 거리를 지나는 사람들은 탄소 발자국을 아느냐는 질문을 받는다. 모르는 사람들도 있지만, 어떤 사람들은 멋쩍게 "내가 얼마나 많은 탄소를 배출하는지를 아는 것"이라 답하기도 한다. 이로 인해 많은 사람들이 탄소 발자국이라는 용어를 알게 되었지만, 한편 BP는 자신들의 탄소 배출 책임을 개인에게 떠넘긴다는 비난에 직면하게 되었다. 과거에도 지금도 막대한 양의 탄소를 배출하면서 거대한 수익을 챙겨 온 기업이 그 책임을 개인들의 몫으로 돌리고 있다는 것이다.

측정하고, 줄이고, 상쇄한다

제품의 탄소 발자국 인증인 '카본 풋프린트 라벨'은 2007년 영국의 인증 기관인 카본 트러스트(Carbon Trust)가 세계에서 처음으로 도입했다. 카본 트러스트는 2001년 영국 정부가 기후변화에 대응할 목적으로 설립한 비영리 인증 기관이다. 기업이 온실가스 배출을 줄이기 위해서는 제품의 원료 생산에서 폐기 단계까지 얼마나 많은 탄소를 배출했는지 측정해 소비자에게 알릴 필요가 있다는 취지에서 이

제도를 도입했다. 탄소 배출을 측정해서 인증을 받은 제품에는 탄소 발자국 모양의 라벨을 붙이도록 했다. 이후 탄소 라벨링 제도는 세계 각국으로 확대되었고, 우리나라도 2009년 '탄소 성적 표지'라는 명칭의 인증 제도를 본격 도입했다.

2021년 현재 카본 트러스트의 탄소 발자국 인증은 제품의 종류와 기준에 따라 탄소 측정(CO_2 measured), 탄소 저감(reducing CO_2), 탄소 저감 패키징, 탄소 중립(carbon neutral), 탄소 중립 패키징, 저탄소(lower CO_2), 100% 재생에너지(100% Renewable Electricity)의 일곱 가지로 구성된다.[86]

국내 인증 제도는 2009년 '탄소 배출량 인증'을 시작으로 2011년 '저탄소 제품 인증', 2014년 '탄소 중립 제품 인증' 제도를 도입해 인증 범위를 3단계로 확대했다.

1단계는 제품의 생산, 유통, 폐기 등 전 과정을 통해 온실가스가 어디서, 얼마나 배출되었는지를 측정한 것에 부여하는 '탄소 배출량 인증'이다. 공부하는 학생에 비유하자면 내가 어디서, 얼마만큼 맞고 틀리는지를 아는 것만으로도 일단 인증을 해 주는 것이라 할 수 있다.

2단계는 탄소 배출을 줄인 제품에 부여하는 '저탄소 제품 인증'이다. 탄소 배출량을 인증받고, 한발 더 나아가 탄소 배출을 줄이고, 줄인 탄소의 배출량이 동종 제품의 평균 배출량보다 적은 제품에 부여한다. 학생이 틀린 것을 다시 학습해 성적을 올린 후 그 성적이 평균 이상이면 우수 학생으로 인증해 주는 것으로 생각하면 된다.

3단계는 탄소 배출을 완전히 상쇄한 제품에 부여하는 '탄소 중립 제품 인증'이다. 저탄소 제품 인증을 받은 제품 가운데 탄소 배출권을 구매하거나 다른 감축 활동을 통해 탄소 배출량을 궁극적으로 0으로 만든 제품에 부여한다. 많은 노력을 통해 만점을 받은 학생에게 부여하는 최우수상에 해당한다. 탄소 성적 표지 제도는 2016년 이후에는 물 발자국, 자원 발자국 등과 함께 환경 성적 표지 제도로 통합되었다.

탄소 발자국을 인증하고 해당 제품에 인증 표지를 부착하는 제도가 도입된 이유는 크게 두 가지다. 첫째는 기업 스스로가 탄소 발자국을 측정함으로써 탄소 배출을 관리하고 줄일 수 있게 하기 위해서다. 둘째는 탄소 발자국 라벨을 상품에 부착함으로써 소비자가 구매에 참고할 수 있도록 하기 위해서다. 제품을 만들어 파는 측과 구입해서 소비하는 측, 즉 생산자와 소비자 모두에게 탄소 발자국에 대한 인식을 높이려는 시도인 것이다.

탄소 발자국 측정 방법

최근 세계 주요국들이 탄소 중립 실현에 박차를 가하고, 탄소 국경조정세 등 무역과 연계를 강화하면서 탄소 발자국은 새로운 국면을 맞이했다. EU는 2021년 6월 '탄소국경조정제도(Carbon Border

Adjustment Mechanism: CBAM)'의 제안서 초안을 공개하면서, 도입 취지로 '공정한 경쟁 환경' 조성과 '탄소 누출(carbon leakage)' 방지를 내세웠다.

첫째, 탄소 배출에 높은 비용을 치르면서 제품을 생산해야 하는 EU 기업과 탄소 배출에 어떤 값도 치르지 않거나 낮은 비용을 치르면서 제품을 생산하는 역외 기업과는 공정한 경쟁이 이루어질 수 없으니 이 차이를 보전한다. 둘째, EU 기업들이 탄소 배출에 비용을 내지 않아도 되는 역외 지역으로 생산 시설을 옮기는 탄소 누출을 막는다.

탄소국경조정제도의 구체적인 운영 방식은 아직 확정되지 않았지만 기본 원칙은 명확하다. 역외로부터 제품을 수입할 때 EU의 수입 업자는 수입 제품에 직간접적으로 포함된 온실가스 총량, 즉 탄소 발자국을 신고한다. 그리고 신고된 온실가스 총량을 EU의 탄소 배출권 가격에 준해 비용으로 지불한다.

이 제도를 운영하기 위해서는 우선 제품에 직간접적으로 포함된 온실가스 총량, 즉 탄소 발자국을 정확히 산출해야 한다. 탄소 발자국은 그 범위와 성격에 따라 3단계의 스코프(scope)로 구분해 측정, 집계된다.

스코프 1은 사업장에서 제품을 생산하는 과정에서 직접 배출하는 탄소를 의미한다. 사업장에서 배출하는 탄소는 사용자가 통제할 수 있기 때문에 '통제 가능한 직접 배출'에 해당한다.

스코프 2는 사업장에서 사용하는 전기 등에서 발생하는 간접 배출까지 포함한다. 예를 들어 공장을 가동하는 데 전기를 사용했다면, 그 전기는 발전 과정에서 이산화탄소를 배출하면서 만들어졌기 때문에 간접 배출로 본다. 그 전기가 석탄발전으로 만들어졌다면 배출량이 많을 것이고, 재생에너지로 만들어졌다면 배출량이 없다. 전기 사용량과 어떤 에너지원으로 만들어진 전기를 사용하느냐에 따라 배출량이 결정되며, 이 역시 사용자가 '통제 가능한 간접 배출'에 해당한다.

스코프 3은 범위가 훨씬 더 넓을 뿐 아니라 측정도 복잡하며, 통제하기도 어렵다. 기업 가치 사슬의 전후방에 해당하는 모든 외부 배출을 함께 집계하는 개념이기 때문이다. 여기에는 공급망 내의 모든 협력 업체가 부품을 만드는 과정에서 배출하는 탄소뿐 아니라 물류, 유통, 판매, 최종 소비자가 제품을 사용하는 과정에서 발생한 탄소까지 모두 포함된다. '통제 불가능한 외부 배출'에 해당한다.

스코프 3과 같이 제품의 라이프사이클 전반을 대상으로 하는 '전 과정 평가(LCA, Life Cycle Assessment)'는 기업에게 매우 도전적인 과제다. 이제까지는 기업들이 탄소 발자국을 산출하는 것은 온실가스를 관리하고 줄이는 유인을 제공하고, 소비자에게 친환경 제품임을 알리는 정도에 그치는 측면이 있었다. 하지만 이제 탄소 발자국을 측정하고, 줄이고, 상쇄하는 것이 기업과 제품의 수출 경쟁력을 좌지우지하는 요인으로 부상하기에 이르렀다. 더군다나 이미 많은 글로벌 기업들이 스코프 3까지 포함한 탄소 발자국 줄이기에 동참하고 있

다. 우리 기업들은 이런 탄소 성적 최우등생들과 경쟁을 해야 하는 것
이다.

11 　수송의 탈탄소 Transport Decarbonization

"전기차 보급이 확대되면 도로 위 온실가스 배출 문제는
해결될까."

탄소 중립의 핵심 키, 수송 부문

전 세계가 배출하는 이산화탄소 중 도로, 철도, 해상, 항공 등 수
송 부문이 차지하는 비중은 얼마나 될까? 2021년 IEA 자료에 따르
면 23%로, 전 세계 온실가스 배출량의 약 4분의 1이 수송 부문에서
발생한다.[87] 바꾸어 생각하면 수송 부문에서 발생하는 온실가스를 없
앨 수 있다면, 세계적으로 온실가스의 4분의 1을 해결할 수 있는 것이
다. 따라서 탄소 중립 실현에서 수송 부문의 탈탄소화는 매우 중요한
과제다. 이는 특히 수송 부문의 온실가스 배출 비중이 큰 EU와 미국
등지에서 무엇보다 큰 과제로 떠오르고 있다.

EU의 경우 수송 부문에서 배출하는 온실가스가 전체 배출량의
무려 29%를 차지한다. 세계 평균인 23%보다 훨씬 높은 수준이다. 특

히 수송 부문 전체 배출량의 72%가 도로에서 발생한다.[88] EU가 자동차와 상용차(버스, 트럭 등)에 대해 세계에서 가장 강력한 이산화탄소 배출 규제를 거듭 도입하는 것도 이와 무관하지 않다.

수송 부문의 탈탄소화 없이 EU의 탄소 중립은 지난할 것이다. 그 고민에서 나온 것이 2020년 12월, EU 집행위원회(European Commission)가 발표한 '지속 가능한 스마트 수송 전략(Sustainable and Smart Mobility Strategy)'이다.[89] 이 전략에는 2050년까지 수송 부문에서 배출되는 온실가스를 90% 감축한다는 EU의 목표 및 단계별 계획이 담겨 있다.

수송 부문의 온실가스는 어떤 방식으로 줄일 수 있을까. 이 전략에 담긴 방향성을 살펴보면 크게 세 가지다. 첫째, 수송 부문 전체 배출량의 3분의 2 이상이 도로에서 발생하므로 온실가스 무배출 차량의 보급을 대폭 확대한다. 둘째, 철도를 이용한 교통과 화물 운송을 10년 이내에 2배로 늘린다. 셋째, 온실가스 무배출 항공기와 선박도 조기에 상용화한다.

이 중 가장 큰 관심과 논란이 되는 것은 도로 부문의 온실가스 규제와 전기차 도입 정책이다. EU는 스마트 수송 전략을 발표한 지 불과 7개월 만에 향후 온실가스를 배출하는 차량은 도로에서 퇴출해 나간다는 방향의 입법안 초안을 발표했다. 2035년부터 EU 역내에서 내연기관 자동차의 신규 판매를 사실상 금지하는 조치다.

이와 같은 조치는 야심 차지만 반대 역시 만만치 않다. 특히 자동차 산업의 비중이 큰 독일, 프랑스 등은 내연기관차의 조기 퇴출 움직임에 반대한다. 에너지 전환 기간 동안 톡톡히 제 몫을 할 수 있는 하이브리드 및 플러그인 하이브리드 차량까지 퇴출하는 EU의 강공 전략에 대해서는 역내 국가에서 불만의 목소리도 적지 않다.

전기차로 패러다임 전환을 확정 지은 미국

EU의 파격적인 정책이 발표된 지 불과 한 달 만인 2021년 8월, 미국도 2030년 판매하는 신차의 절반을 무공해차로 한다는 정책을 내놓았다. 배터리 전기차, 플러그인 하이브리드 전기차, 수소 연료전지 전기차 등의 무공해 자동차와 트럭이 신차의 절반을 차지하도록 한다는 이 정책은 전기차로의 패러다임 전환을 확정 지었다는 평가를 받는다.

전기차 전환 정책은 바이든 대통령의 후보 시절 공약에서부터 예견되어 있었다. 전기차는 바이든 경제 정책의 핵심으로, 바이든은 미국 전역에 50만 곳 수준의 전기차 충전소를 설치하고 자동차 산업에서 100만 일자리를 창출하겠다는 것을 공약으로 내세운 바 있다.

이 목표는 매우 도전적이다. 연간 약 1500만 대의 신차가 판매되는 미국 자동차 시장에서 2020년에 팔린 전기차는 약 24만 대로, 2%에도 채 미치지 못한다. 2021년에는 상반기(6월까지)에만 약 20만 대

의 전기차가 팔려 판매가 급증하고 있기는 하지만, 그렇다고 해도 3%
에도 미치지 못하는 수준이다. 이 비중을 9년 후인 2030년까지 50%
로 늘리겠다는 것은 파격적인 목표다.

2030년 신차의 절반을 전기차로 채운다는 미국의 목표가 전기
차로의 전환이라는 방향성은 명확히 제시하되 시장에 준비 기간을
준 조치라는 평가도 있다.[90] 첫째는 목표를 미국 전체 전기차 판매 대
수로 설정했기 때문에 기존의 자동차 업계가 설정할 목표와는 다르다
는 지적이다. 이 판매 목표에는 당연히 현재 전기차 판매를 주도하는
테슬라가 포함되기 때문에 다른 기존 자동차 업체는 50%까지 목표
를 달성하지 않아도 되도록 여유를 주었다는 것이다. 둘째는 EU에서
는 포함시키지 않은 플러그인 하이브리드 차가 포함되었다는 점이다.
셋째는 법적 구속력이 없다는 점이다.

같은 날 바이든 대통령이 서명한 자동차 배출 규제 강화안에도
주목이 쏠리고 있다. 이날 미국 정부는 트럼프 전 행정부의 자동차 배
출 규제 완화 정책을 뒤집은 배출 규제 강화책을 내놓았다. 2023년부
터 신차는 온실가스 배출을 전년 대비 10%, 2024년에서 2026년까지
는 연간 5% 추가 감축하도록 의무화하는 내용이다.

하지만 미국 정부의 발표 이후 더 엄격한 자동차 배출 규제가 필
요하다는 요청이 쇄도하고 있다. 미국의 21개 주와 주요 도시들은 한
달 후인 9월, 자동차 제조 업체에는 더 강력한 규제를 충족시킬 수 있
는 여력과 시간이 있다면서 더 강도 높은 규제를 요구하고 나섰다.

일례로 미국 캘리포니아주는 2020년 9월, 2035년부터 승용차와 픽업 트럭의 신규 판매에 대해 무공해 차량만 판매할 수 있도록 하는 정책을 내놓았다. 미국 연방 정부 정책보다 훨씬 강도가 높을 뿐 아니라 시기 역시 EU의 2035년 내연기관차 신규 판매 금지 정책보다도 1년 이상 빠르다.

캘리포니아주는 1990년대 초반부터 연방 정부보다 훨씬 강도 높은 환경 규제를 도입하며, 미국의 규제 방향의 시금석 역할을 해 왔다. 2018년 9월에는 2045년까지 청정에너지만으로 전력을 생산하겠다는 전력 충당 계획을 발표해 하와이주에 이어 미국에서 두 번째로 100% 재생에너지 전력 목표를 세웠다.

미국 인구의 12%가 집중해 있는 캘리포니아주는 분지인 지형 탓에 역사적으로 대기오염의 피해가 끊이지 않았고, 매년 연례행사처럼 되풀이되는 산불 피해로 기후변화에 대한 경각심이 매우 높은 지역이다. 2021년 6월, 바이든 대통령과 만난 개빈 뉴섬 캘리포니아 주지사는 산불의 심각성과 이로 인한 피해, 어려움 등을 토로하며 이제까지의 관행에서 완전히 벗어난 근본적인 해결책이 필요함을 강조했다.

하지만 2019년 한 해 동안 캘리포니아에서 팔린 200만 대의 새 승용차 중에 배터리 전기차와 플러그인 하이브리드 전기차는 불과 8%에 불과해, 2035년 신규 판매 차량 전체를 무공해 차량으로 한다는 캘리포니아주의 목표 역시 담대한 전략만큼 달성이 쉽지는 않을 것이다.[91]

급속히 확대되는 중국의 전기차 시장

'전기차 굴기'를 선언하며, 전기차 산업의 기술력과 가격 경쟁력을 키워 온 중국 정부도 강력한 전기차 보급 목표를 제시하고 나섰다.

2035년부터 중국에서 신규 판매되는 자동차 중 50%는 신에너지차로 채워야 한다. 여기서 말하는 신에너지차란 순수 전기차, 플러그인 하이브리드 차, 수소 연료전지차를 지칭한다. 일반 하이브리드 차는 내연기관차로 분류된다. 그렇다면 나머지 50%는 내연기관차 몫인데, 그중 하이브리드 차만이 판매가 가능하다. 이는 2035년 이후 중국에서 순수 내연기관차는 판매가 중단되는 것을 의미한다. 이 목표는 미국보다 강력하고, EU와는 동일한 수준에 해당한다.

버스, 트럭 등 상용차는 수소 연료전지차로 전환된다. 수소 연료전지차는 2025년 10만 대, 2030~2035년 100만 대로 대폭 보급되고, 상용차는 100% 수소 연료전지차로 전환된다. 이를 위해 충전 인프라도 빠르게 구축된다. 2035년까지 저속 충전포트 1억 5000개, 고속 공공 충전 포트 146만 개 이상이 설치된다. 이와 같은 조치를 통해 2035년 자동차 탄소 배출량을 정점(2028년으로 예상) 대비 20% 이상 감축한다는 것이 수송 부문에서 중국의 빅 픽처다.[92]

이 목표는 달성 가능할까. 달성하기에 벅찬 목표임은 분명하다. 하지만 정부의 강력한 주도하에 커 온 중국의 전기차, 배터리 산업의 선례에 비추어 볼 때 중국이야말로 세계에서 가장 빠르게 전기차 사회로 전환할 수 있다는 시각 역시 존재한다.

자동차 산업 후발 주자인 중국은 내연기관 중심으로는 기존 자동차 업체를 따라잡기에 역부족이라는 전략적 판단하에 정부의 적극적인 지원을 바탕으로 전기차 산업을 키워 왔다. 전기차는 기존 자동차 업계나 신규 진입자 모두에게 새로운 기술인 만큼 후발 주자인 중국에도 충분히 승산이 있다고 판단한 것이다. 심각한 사회 문제로 떠오른 중국 내 주요 도시의 대기오염도 전기차 산업 육성의 동기를 제공했다. 석유를 비롯해 확대되는 에너지 수입 의존도도 부담이었다. 내연기관차를 줄이고 전기차를 확대해야 할 이유는 충분했다.

지난 10년간 중국 정부는 신에너지 차량 보급을 확대하기 위해 막대한 재정을 투입했다. 차량 구입 보조금과 세금 면제, 연구 개발 지원, 충전 인프라 확충 등에 투입된 재정은 무려 6760억 위안(약 125조 원)에 이른다. 이와 같은 정부의 적극적인 지원에 힘입어 중국의 신에너지차 시장은 급속히 확대되고 있다. 2021년 상반기에만도 120만 6000대가 팔려 2020년 연간 판매 대수인 136만 7000대에 육박했다. 단일 국가로는 세계에서 전기차가 가장 많이 판매되었다.[93]

이와 같이 신에너지차 구입 보조금과 충전 시설 확대는 중국 신에너지차 시장이 급성장하는 데 크게 기여했다. 하지만 신에너지차 보급 확대에 더 결정적인 역할을 한 것은 전통 자동차 구매 제한 정책이라는 것이 중론이다.[94]

중국에서는 1994년 베이징과 상하이를 시작으로 10여 개의 주요 대도시에서 자동차 번호판 한정 발급 정책을 시행해 왔다. 경제 발전과 함께 자가용 소유가 폭발적으로 증가하면서 대도시의 교통 체증과 대기오염이 심각해지자 중국 정부가 강력한 번호판 발급 제한에 돌입했다. 도시별로 연간 자동차 판매 대수를 정한 후 그 수만큼만 자동차 번호판을 발급하는데, 그마저도 주로 경매와 추첨으로 이루어진다. 추첨은 수백 대 일의 경쟁률을 기록하고, 경매 낙찰 평균 금액은 수천만 원대까지 치솟았으며, 부부 간에는 번호판 양도가 가능한 점을 이용해 위장 결혼까지 성행했다.

이러한 상황에서 신에너지차에는 번호판 발급량을 제한하지 않거나 당첨 확률을 높여 주는 것은 소비자들에게 엄청난 유인책이 아닐 수 없다. 자동차 구매 제한을 실시하는 도시에서 신에너지차 판매량이 중국 전체 신에너지차 판매량의 40%를 상회한다는 통계는 이를 입증한다.

전기차 보급의 가장 중요한 변수이자 결정 요인이 정부 정책이라는 점을 감안할 때, 세계에서 가장 빠르게 전기차 사회로 전환한 중국을 상상하는 것은 어렵지 않다.

전기차가 해결사일까

전기차 보급이 확대되면 도로 위 온실가스 배출 문제가 해결되는 것일까. 이 질문에 답을 구하기에 앞서 먼저 전기차가 과연 친환경 적인가라는 오랜 논쟁부터 살펴보자.

전기차의 친환경성을 둘러싼 논란은 보급 초기부터 꾸준히 제기되었다. 전기차는 주행 과정에서 온실가스를 전혀 배출하지 않는 친환경 차다. 하지만 전기차의 배터리를 충전할 때 사용하는 전기를 생산하는 방식에 따라 친환경성에는 큰 차이가 발생한다. 예를 들어 석탄발전으로 생산된 전기로 충전해 달리는 전기차가 온실가스를 줄이는 데 도움이 될 리 만무하다.

거리를 메운 수많은 전기차를 충전하기 위해 전기를 더 생산해야 하고, 그 전기를 더 많은 석탄을 태워서 만든다면 어떻게 될까? 중국의 상황을 보자. 중국은 전체 발전 중 석탄발전 비중이 매우 높다. 전기의 60% 정도는 여전히 석탄을 태워 만들고 있다. 이런 상황에서라면 전기차가 빠르게 보급될수록 온실가스 배출이 악화되는 아이러니한 상황이 발생하게 된다.

우리나라의 상황은 어떨까. 2050년까지 석탄발전 비중을 0으로 만들겠다는 목표를 세우고 있지만, 아직도 전기의 약 35%가 석탄발전을 통해 만들어진다.

미국은 어떤 상황일까. 미국의 석탄발전 비중은 2013년 이래 꾸준히 감소해 왔다. 코로나 팬데믹의 영향까지 겹친 2020년에는 최저점을 기록했다. 전체 발전 중 석탄발전 비중은 20%까지 떨어졌다. 하지만 2021년, 미국의 석탄발전 비중은 다시 24%까지 증가할 것으로 전망된다.[95] 천연가스 가격이 급등하면서 상대적으로 가격 상승폭이 적은 석탄으로 수요가 몰리고 있기 때문이다. 유럽의 상황도 크게 다르지 않다.

온실가스를 발생시키지 않으면서 만들어진 깨끗한 전기가 전제될 때 전기차는 친환경차로서의 역할과 기능을 다할 수 있다. 전기차로의 전환은 이제 비가역적인 흐름이 되고 있으며, 따라서 발전 부문 역시 깨끗한 전기를 대량으로 생산하는 방향으로 속도를 맞추어 전환되어야 한다. 이에 따라 과도기적으로 공존할 수밖에 없는 내연기관차의 탄소 배출을 최소화하기 위한 정책 도입과 기술 개발도 본격화되고 있다.

과도기의 현실적 대안, 친환경 대체 연료

앞에서 살펴본 바와 같이 현시점에서 전기차가 온실가스 감축의 만능 해결사가 아니듯, 내연기관차 역시 그 자체로 온실가스 배출의 주범은 아니다. 온실가스를 배출하는 것은 내연기관이 아닌, 내연기관에 사용되는 연료이기 때문이다. 따라서 과도기적으로 함께 갈 수밖에 없는 내연기관차의 연료를 환경 친화적으로 만드는 정책과 기술 개발도 도로 위의 온실가스를 줄이는 데 매우 중요하다.

과도기의 현실적 대안으로 떠오르는 것은 친환경 대체 연료다.

바이오 디젤, 바이오 에탄올, 바이오 가스 등의 바이오 연료와 합성 연료인 e-fuel 등이 대표적이다.

우리가 흔히 떠올리는 바이오 연료는 옥수수 등으로 만들어진 바이오 에탄올과 폐식용유 등으로 만든 바이오 디젤이다. 우리나라는 2018년부터 경유에 바이오 디젤을 3% 혼합하도록 의무화했으며, 2021년 7월부터는 3.5%로 혼합 비율을 상향했다. 미국은 일찍이 휘발유에 바이오 에탄올을 10% 혼합한 E10연료를 의무화했으며, 전 세계 50여 개 국가가 바이오 디젤과 바이오 에탄올 등의 혼합 연료를 도입했거나 도입할 계획을 가지고 있다.

물론 바이오 연료를 둘러싼 논란도 적지는 않다. 먹는 식량을 연료로 사용한다는 점, 식물을 키우거나 연료화하는 과정에서도 탄소가 배출된다는 점, 대량의 경작지가 필요하다는 점, 소수의 국가를 제외하고서는 충분한 양의 바이오 연료 작물을 재배하기 어렵다는 점 등이다. 하지만 최근에는 HVO(Hydro-treated Vegetable Oil: 수소화 식물성 오일) 등 차세대 바이오 연료 기술의 개발로 바이오 연료가 한층 진화하고 있다. HVO란 폐식용유나 팜 부산물 등의 식물성 원료에 수소를 첨가해 화학적 반응을 일으켜 생산하는 바이오 오일이다.

전기를 이용해 만드는 e-fuel 역시 차세대 탄소 중립 연료로 기대를 모으고 있다. e-fuel이란 '전기 연료(Electrofuels)'의 약자다. 물을 전기분해해서 수소를 얻은 후에 이산화탄소를 반응시키면, 수소와 탄소가 결합해 천연가스와 성질이 비슷한 탄화수소 연료가 만들어진다. 이때 만들어진 탄화수소 연료가 화석연료를 대체할 수 있는 청정 연료로 주목받고 있다. 내연기관은 물론 기존에 화석연료를 사용하던 분야에 폭넓게 적용할 수 있다.

하지만 전기 연료에도 해결 과제는 적지 않다. 일단 값이 매우 비싸다는 것이다. 전기 연료를 만들려면 우선 물을 전기분해해서 수소를 만들어야 하는데, 탄소를 배출하지 않고 깨끗하게 수소를 만드는 과정 자체에 많은 돈이 들어간다. 또한 깨끗한 전기를 사용해야 하는데, 아직 저렴하고 깨끗한 전기는 충분하지 않다.[96]

그럼에도 특히 항공과 수송 분야에서는 화석연료의 대체 연료로 차세대 바이오 연료와 합성 연료를 주목하고 있다. 항공기와 선박의 경우에는 기존 엔진의 효율을 높이는 것 이외에 온실가스 배출을 줄일 획기적인 방법이 없기 때문이다. 항공기와 선박의 전기화는 현재의 기술로는 불가능하다는 것이 정설이다. 현존 기술로서는 5인 미만의 소형 전기 항공기 정도가 항공기 전기화로 할 수 있는 최선이다. 수백 개, 수천 개의 전기 배터리를 이어 붙여야 할 경우 그 무게를 항공기나 선박이 감당할 수 없기 때문이다.

IEA 역시 이 점을 인정한다. IEA는 '2050 넷제로: 글로벌 에너지 부문을 위한 로드맵' 보고서[97]에서 각국 정부가 내건 2050 탄소 중립 목표에 필요한 최소한의 필수적인 이행 사항을 제시하고 있다. 이 중 수송 부문을 살펴보자. 수송 부문에 대한 방향성은 다음과 같다.

첫째, 수송 부문의 탄소 감축은 크게 두 가지 축에서 이루어진다.

하나는 배터리 전기차, 수소 연료전지 전기차 등 전동화 기술을 적용한 차량을 대규모로 보급하는 것이고, 또 하나는 바이오 연료와 전기 연료 등 저탄소 연료 기술을 확대 사용하는 것이다. 둘째, 현재의 기술로 승용차는 전환이 가능하지만, 선박과 항공 부문은 탄소 중립이 요원하며 향후 기술 발전이 필요하다.

탄소 중립
시대를 위한

세 가지 제언

3

3부 탈탄소 시대를 위한 세 가지 제언

"화석연료 의존형 경제에서 탈탄소 경제로 이행하기 위해 건너가야 할 다리마저 불살라 버리는 우를 범해서는 안 된다. 건너갈 다리를 불태우지 않는 것. 이것이 이행기의 에너지원과 기술에 대한 선택 기준이 되어야 할 것이다."

1 건너갈 다리까지 불사르지 마라

"국제사회의 표준과 보조를 맞추는 동시에 우리의 산업
경쟁력을 고려한 거시적 안목이 어느 때보다도 필요하다."

1, 2부에서 살펴본 바와 같이 세계 주요 각국의 탄소 중립 움직임은 거스를 수 없는 흐름임이 자명하다. 우리에게는 탄소 중립을 향한 에너지 전환의 길만이 남아 있다. 그 길에서 꽃필 탈탄소 기술과 산업은 인류의 에너지원을 새로운 차원으로 업그레이드할 것이다. 그리고 이 역사적 대전환의 길에서 통찰력과 결단력을 발휘해 기술과 시장을 선점한 국가와 기업은 거대한 부를 누릴 기회를 향유하게 될 것이다.

하지만 탄소 중립으로 가는 길이 탄탄대로이거나 꽃길만 이어질 리 없다. 멈추는 순간도, 돌아가는 지점도 있을 것이다. 조정기와 반동 현상은 불가피하다는 말이다. 최근 화석연료의 역습으로 불리는 유럽발 화석연료 가격 급등도 예측된 반동 현상의 하나로 볼 수 있다. 신재생에너지의 비중을 급격히 늘리는 과정에서 전력 생산이 불안정해지고, 그 결과 많은 국가에서 가스 및 전기 요금이 급등하고, 탄소 중립을 밀어붙이는 과정에서 광물 자원의 품귀 대란 등이 발생하면서 산업 생태계가 위협받고 있다.

또한 탄소 중립으로 에너지 전환을 이루기 위해서는 막대한 선행 투자가 필요하지만 투자의 과실을 향유하기까지는 적지 않은 시간이 걸릴 것이다. 이 기간을 버틸 수 있는 재정적 여력도 필요하다.

탄소 중립은 한 정부가 이루어 낼 수 있는 정책 과제가 아닐뿐더러 앞으로 수십 년에 걸쳐 진행될 역사적, 시대적 과업이다. 그리고 그 수십 년은 과거의 에너지와 미래의 에너지가 필연적으로 공존할 수밖에 없는 기간이 될 것이다. 따라서 미래의 청정에너지를 준비하고 그 비중을 확대해 나가는 한편, 과거의 에너지를 최대한 깨끗하게 변신시켜 사용하고 재활용할 청정 기술 역시 함께 모색해 나가야 한다.

화석연료 의존형 경제에서 탈탄소 경제로 이행하기 위해 건너가야 할 다리마저 불살라 버리는 우를 범해서는 안 된다. 건너갈 다리를 불태우지 않는 것. 이것이 이행기의 에너지원과 기술에 대한 선택 기준이 되어야 할 것이다. 이러한 관점에서 탄소 중립의 연착륙을 위해 우리가 선택할 수 있는 에너지원과 기술에 대한 글로벌 동향을 살펴보자.

화석연료의 깨끗한 변신: 미국 탄소관리국 사례

화석연료를 무작정 포기하는 것이 아니라 기존의 화석연료를 깨끗하게 쓸 수 있도록 변신시킬 청정 기술을 개발하는 것이 탄소 중립의 과도기적 대안으로 주목받고 있다. 탄소 중립을 현실적으로 가능케 할 마지막 카드로까지 불리는 '탄소 포집·이용·저장(CCUS)' 기술이 대표적이다. IEA는 CCUS 없이 탄소 중립을 달성하기란 사실상 불가능하다고 지적한다.

앞에서도 언급한 CCUS는 화석연료 연소 플랜트로부터 이산화탄소를 '포집(Capture)'한 뒤, 유용한 물질로 전환해 '이용(Utilization)' 하거나, 땅속이나 해저 등에 '저장(Storage)'하는 기술이다. 초기에는 '저장' 측면의 CCS에 초점이 맞춰졌지만, 이후 한 단계 진보된 기술이라 할 수 있는 '이용' 측면의 CCU가 주목받고 있다. 일반 쓰레기 처리가 매립과 소각, 자원 재활용으로 분류되는 것과 유사하다.

쓰레기를 매립 또는 소각하면 그 과정에서 지하수 및 토양 오염 등의 환경 문제가 발생한다. 소각장 부지를 둘러싼 주민 갈등과 님비 현상, 처리 및 운영 비용 등에 이르기까지 사회, 경제적 측면의 문제도 적지 않다. CCS 방식으로 이산화탄소를 땅속 또는 해저에 저장할 경우에도 이와 유사한 문제가 발생한다. 제한적인 저장 공간을 어떻게 확보할 것인지, 저장 장소까지 이산화탄소를 어떻게 수송할 것인지 등의 문제가 우선적으로 해결되어야 한다. 저장 또는 수송 중의 탄소 유출에 따른 토양 및 지하수 오염 가능성, 기술 개발 및 운영 비용 등으로 인한 경제성도 풀어야 할 과제다.

이에 따라 폐기물 재활용이나 자원 순환 등의 관점에서 '버려지는 이산화탄소를 어떻게 유용한 자원으로 재활용할 것인가'라는 차원의 CCU가 주목받게 되었다. CCU는 포집한 이산화탄소를 화학 전환이나 생물 전환, 광물 탄산화 등을 통해 새로운 소재 및 제품으로 탈바꿈시키는 기술이다. CCS와 비교할 때 입지 제약 조건이 상대적으로 적고 시멘트, 철강, 화학, 발전 등 다양한 산업 분야에서 활용할 수 있다는 장점이 있다. 고부가가치 제품으로 변모시킬 수 있다면 처리 과정에서 들던 비용은 수익으로 전환된다. 기술만 실현된다면 환경 악화의 주범으로 애물단지 취급을 받던 이산화탄소는 이제 고수익 상품으로 변신하게 된다.

CCS와 CCU는 지난 십수 년간 환경 규제에 대응하는 동시에 고수익을 창출할 신산업 기회로 주목받았지만, 사실상 크게 진전하지 못했다. 기술적 난관도 문제지만 가장 큰 이유는 그 난관을 뚫고 나갈 만큼 환경 규제가 강하지 않았기 때문이다. 하지만 세계가 탄소 중립에 박차를 가하기 시작한 지금 CCUS는 탄소 중립의 히든카드로 다시금 주목받게 되었다.

바이든 정부는 화석연료의 변신을 가능케 할 CCUS를 기후변화 대응의 핵심으로 설정하고 있다. 이를 위해 미국 정부는 2021년 7월 에너지부(Department of Energy) 산하에 있는 화석 에너지국(Office of Fossil

Energy)의 명칭을 변경했다. '탄소 관리'를 추가한 '화석 에너지 탄소 관리국(FECM: Office of Fossil Energy and Carbon Management)'이다. 명칭만 바꾼 것이 아니다. 인원도, 예산도 대폭 늘렸다. FECM은 750명의 연방 직원과 10억 달러에 달하는 예산을 지원받는 기관으로 거듭났다.

FECM 관계자와 진행한 《MIT 테크놀로지 리뷰》의 인터뷰는 탄소 중립에 대한 미국 정부의 입장과 FECM의 존재 이유를 명확히 보여 준다. FECM은 탄소 중립이라는 목표를 달성하는 데 재생에너지로의 전환도 중요하지만, 전환기에 공존할 수밖에 없는 화석연료와 거기에서 발생하는 탄소는 필연적으로 존재하며, 탄소를 적극 관리하는 것이 필요하다고 인정한다. 특히 전기화나 탈탄소가 어려운 산업, 즉 이산화탄소 발생을 막을 방법이 마땅치 않은 산업에서 CCUS야말로 탄소를 줄일 수 있는 유일한 선택지라고 지적한다.[1]

CCUS 등의 기술을 활용한 적극적인 탄소 관리 정책에 대해 환경단체의 시각은 곱지 않다. 화석연료 시대를 종식하기 위한 노력을 약화하는 동시에 화석연료의 수명을 연장하는 수단으로 전락할 수 있다는 것이 가장 큰 이유다. 또한 아직 기술적으로 실현되지 않은 미완의 기술에 기대어 탄소 중립을 얼마나 완성도 있게 추진할 수 있는지에 대한 의문도 존재한다.

이러한 우려에도 2021년 11월 최종 통과된 미국의 초당적 인프라 법안은 CCUS에 대한 대대적인 투자 계획을 담고 있다. 향후 5년간 이산화탄소 포집 플랜트 건설과 수송 인프라 구축 등에 수십억 달러가 투입된다. 에너지 전환과 경제 회복, 일자리 창출을 동시에 가능하게 할 현실적이고 실용적인 대안이라고 평가된다.

탈원전인가, 다시 원전인가: SMR의 급부상

탈원전의 강행인가, 원자력으로 회귀인가.

탄소 중립의 길목에서 원자력발전이 최대 쟁점으로 부상하고 있다. 탈원전을 신념처럼 밀어붙이기만 하는 측도, 원전만이 탄소 중립의 구세주인 양 탈원전 비판에 여념이 없는 측도 냉정함을 되찾을 필요가 있다. 탄소 중립 시대에 원자력발전의 장점은 명확하다. 원자력발전은 태양광발전, 풍력발전 등과 마찬가지로 이산화탄소를 일체 발생시키지 않는다. 그러면서도 태양광발전, 풍력발전 등과 달리 밤낮없이 전력을 생산할 수 있다. 이러한 장점에도 원자력발전은 누구나 다아는 치명적인 한계에서 벗어날 수 없었다. 바로 태생적 한계인 환경성과 안전성이다. 이에 더해 최근에는 생산비와 수용성 등 경제성 문제도 두드러지게 나타나고 있다.

신재생에너지가 낮은 경제성과 기술적 한계를 극복하고 탄소 중립 시대의 주연으로 당당히 부상했듯, 원자력 역시 태생적 한계를 극복하기 위해 끊임없이 혁신을 해 왔다. 탄소 중립 시대로 건너갈 다리를 불사르기 전에 우리는 과연 이러한 기술 혁신이 기존 원자력의 한계를 어디까지 극복할 수 있는지를 냉철히 점검해 보아야 한다.

탄소 중립으로 가는 거침없는 행보 도중 최근 심각한 전력난에 봉착한 유럽 국가들 사이에서도 원전을 둘러싼 입장 차가 확대되고 있다. 특히 원자력발전을 둘러싼 독일과 프랑스의 엇갈린 행보가 눈에 띈다.

2011년 일본 후쿠시마 원전 사고 이후 독일은 탈원전을 전격 선포했다. 2022년까지 모든 원전의 가동을 중지한다는 방침이다. 독일 정부의 입장은 단호하다. 원전은 깨끗한 에너지, 녹색 기술로 분류되어서는 안 된다는 것이다. 전 생애 주기에 걸쳐 깨끗해야만 청정에너지인데, 원자력발전은 사용 후 핵연료를 안전하게 처분할 방법이 아직 확립되어 있지 않아서이다. 그뿐 아니다. 아무리 확률이 낮다고 해도 원자력발전은 일단 사고가 발생하면 대대손손 천문학적 규모의 인적, 물적 피해가 불가피하다. 게다가 기후변화가 진행될수록 원자력발전의 리스크가 커진다는 연구[2]도 주목을 끌고 있다.

프랑스의 입장은 사뭇 다르다. 프랑스 정부는 2021년 11월, 신규 원자로 건설을 재개할 것이라 밝혔다. 프랑스는 전력의 70% 이상을 원자력발전에 의존하는 원전 대국이다. 후쿠시마 원전 사고 이후 원자로 폐쇄 방침으로 기울기도 했지만, 탄소 중립을 위한 현실적 대안으로 다시 원자력을 밀어붙이는 상황이 된 것이다. 마크롱 프랑스 대통령은 원자력발전의 '파괴적 이노베이션'을 내걸며 소형 모듈 원자로 (SMR: Small Modular Reactor)를 중심으로 원전 투자를 확대한다는 계획을 내세웠다. 이에 따라 SMR 개발에만 10억 유로(약 1조 3800억 원)가 투입될 예정이다. 2017년 탈원전을 내세우며 만 39세의 나이로 대통령에 당선된 마크롱 대통령. 탈원전에 대한 그의 입장을 돌변하게 한 원인은 무엇인가.

첫째, 프랑스 국내 여론의 변화다. 프랑스 여론 조사 기관 오독사(Odoxa)에 따르면 전체적으로는 아직 풍력발전 지지율(63%)이 원자력발전(51%)보다 높긴 하지만, 지지율 증감에서는 반전 현상이 나타나고 있다. 지난 2년 동안 풍력발전 지지율이 17% 급감한 반면, 원전 지지율은 동일한 수준으로 증가했다. 유럽은 코로나 이후 침체되었던 경기가 회복되는 와중에 풍력발전량은 부진하며 에너지 가격이 급등했다. 재생에너지의 저장 불가능성과 불안정성이 부각되면서 원자력발전의 효용성과 예측 가능성이 상대적으로 빛을 발하게 된 것이다.[3] 탈원전을 표명한 이웃 나라 독일의 전기 요금이 원전 대국 프랑스의 2배에 달하는 점도 프랑스 국민의 현실 감각을 일깨운 것으로 판단된다.

둘째, 차세대 원자로로 불리는 혁신적인 소형 모듈 원자로 SMR에 대한 기대이다. SMR은 출력이 상대적으로 작고, 모듈화 방식으로 제조되는 차세대 원자로를 말한다. 국제원자력기관(IAEA)의 정의에 따르면 출력이 30만kw 이하로 통상 100만kw를 넘는 대형 원자로의 3분의 1 이하 규모다. 대형 원자로에서는 독립되어 있던 핵심 장비들을 일체화했기 때문에 경쟁력이 높다. 그뿐 아니라 SMR은 소형화로 사고 발생 위험을 낮출뿐더러, 적은 핵폐기물로 환경성도 제고한다고 알려져 있다. 해안이 아닌 내륙에도 설치가 가능할 뿐 아니라 대형 원전에 비해 필요한 부지 면적도 작아서 입지 선정의 어려움도 크게 줄어든다. 이와 더불어 최근 안전성에 대한 규제가 강화되면서 대형 원전의 건설 비용 및 유지 관리 비용이 크게 상승했는데, SMR은 모듈화한 설계로 공사 기간이 짧고 공사 비용도 덜 들어 경제성도 획기적으로 개선할 수 있다. 세계 주요 각국은 앞다투어 SMR 기술 개발과 실증 및 상용화를 서두르고 있다.

기존 원자력발전이 안고 있던 문제들을 혁신적으로 해결할 수 있는 SMR이 탄소 중립이라는 벅차고 힘든 과제를 안고 가야 하는 각국 정부의 눈길을 사로잡은 것은 어찌 보면 당연한 일이다. 탄소 중립시대의 게임 체인저로 주목받는 SMR은 탄소 중립의 길에서 재생에너지의 역할을 보완할 수 있는 선택지로 재고되어야 할 것이다.

EU 택소노미

EU는 2022년부터 친환경 기술 및 사업의 기준을 제공하는 EU 택소노미(EU taxonomy)를 본격 시행한다. 해당 기술이나 사업이 환경 친화적인지 아닌지, 지속 가능성이 높은지 낮은지를 분류하는 작업이다. 기술과 사업의 '친환경' 여부를 판단하는 객관적 기준을 만드는의도는 명확하다. 투자자나 금융기관이 해당 기술과 사업에 더 많은 투자를 할 수 있도록 유인하기 위해서다. 자본의 흐름을 기후변화 완화에 공헌하는 기술과 사업으로 유도해 해당 기술과 사업의 성장을 이끌고 탄소 중립의 목표를 이루는 데 기여하겠다는 것이 EU 택소노미의 빅 픽처다.

　기술과 사업이 친환경 적합성을 인정받기 위해서는 EU 택소노미가 규정한 적격 요건을 충족해야 한다. EU 택소노미에는 네 가지 적격 요건이 있는데, 이 요건을 모두 충족해야만 한다. 첫 번째, 해당 기술과 사업이 여섯 개의 환경 목표 중 한 가지 항목 이상에 상당히 기여해야 한다. 여섯 개의 환경 목표란 기후변화의 완화(mitigation), 기후변화에 대한 적응(adaptation), 수자원 및 해양자원의 지속 가능한 이용과 보전, 순환 경제로의 이행 및 폐기물 감축과 리사이클링, 환경 오염의 방지 및 억제, 생물 다양성과 생태계의 보전 및 회복이다. 두 번째, 해당 기술과 사업이 앞서 여섯 개의 환경 목표 중 어느 하나에도 중대한 피해를 주지 않아야 한다. 세 번째, 해당 기술과 사업이 최소한의 사회적 안전 장치를 준수해야 한다. 네 번째, 기술 선별 기준에 부합되어야 한다.

　택소노미의 최종 결정을 앞두고 유럽에서는 연일 격론이 벌어지고 있다. 논쟁의 최대 쟁점은 원자력발전을 택소노미에 포함할지 여부다. 공사 기간이 길고 막대한 자금을 필요로 하는 원전 사업에서 채권 발행이나 대출 등을 통한 금융 조달은 사업 성공의 최대 관건 중 하나다. 택소노미에서 배제되는 사업은 자금 조달 경로가 막히면서 사업 추진 자체가 어려워질 수도 있다. 아직 최종안은 나오지 않았지만 2021년의 마지막 날인 12월 31일, EU 집행위원회는 회원국에 원자력과 LNG를 친환경 에너지로 분류하는 EU 택소노미 초안을 전달한 상태다. 여기에서 친환경 에너지로 분류되느냐 마느냐에 따라 원자력과 LNG(액화천연가스) 산업의 운명이 결정될 것이다.

국내에서도 EU의 택소노미를 참고한 한국형 녹색 분류 체계인 K-택소노미를 추진하고 있다. 환경부가 제시한 K-택소노미 최종안에 따르면 원자력발전은 배제하되, LNG 발전은 한시적으로 허용하고 있다.

탄소 중립으로 가는 길목을 건널 다리를 불사르지 않으면서, 국제사회의 표준과 보조를 맞추는 동시에 우리의 산업 경쟁력을 고려한 거시적 안목이 어느 때보다도 필요하다.

2 디지털과 융합한 새로운 인프라 구축이 필요하다

"디지털을 활용한 새로운 인프라 구축은 에너지 효율을 높여 탈탄소 시대를 앞당길 수 있다."

탄소 배출을 줄이는 방법에는 크게 세 가지가 있다. 첫째, 에너지 사용 자체를 줄인다. 둘째는, 탄소 배출이 없거나 적은 에너지를 사용한다. 셋째, 효율을 높여 에너지를 전략적으로 사용한다.

이를 수송 수단에 적용해 보면 첫째, 자가용을 타는 대신 걷거나 자전거, 대중교통을 이용하여 에너지 사용 자체를 줄인다. 둘째, 자동차를 이용하더라도 내연기관차 대신 전기차나 수소차를 이용하여 탄소 배출이 적거나 없는 에너지를 사용한다. 셋째, 지능형 교통망 등의 구축을 통해 대기 시간과 교통 정체를 최소화해 에너지 낭비를 줄이고 효율적으로 사용한다.

빌 게이츠의 『기후 재앙을 피하는 법』에는 우리가 매년 배출하는 510억 톤의 온실가스 배출량 중 각각의 행위가 차지하는 비중이 나타나 있다. 제조 부문이 31%, 전기 생산이 27%, 식물 재배와 동물 사

육이 19%, 교통과 수송이 16%, 냉방과 난방이 7%이다.[4]

최근 4차 산업혁명에 따른 다양한 디지털 기술의 발달은 이러한 각각의 행위에서 탄소 배출을 줄이는 데 기여하고 있다. 사물인터넷(IoT) 등을 활용한 스마트 공장, 스마트 사육 및 재배 시설에서 디지털 기반의 에너지 관리 시스템에 이르기까지 디지털을 활용한 새로운 인프라 구축은 에너지 효율을 높여 탈탄소 시대를 앞당길 수 있다. 특히 일상생활에 밀접한 전기 생산, 수송, 건물 부문의 디지털화를 통한 탄소 배출 감축은 탈탄소 시대에 대한 국민들의 기대와 의식을 높일 수 있다는 점에서 더 큰 가치와 효용을 지닌다.

가상발전소: 전기차에서 전력망으로

탈탄소 시대의 전력망은 대량생산된 전력을 중앙에서 공급했던 기존의 '중앙 집중형'에서 재생에너지가 다양한 방식으로 유통될 수 있는 '분산형'으로의 변화가 불가피하다. 이 과정에서 전력 시스템의 '효율'을 획기적으로 높일 방법은 무엇일까. '스마트 그리드'에서 그 해답을 찾을 수 있다.

스마트 그리드란 기존의 전력망에 정보 통신 기술을 더해 전력의 생산과 소비 정보를 양방향, 실시간으로 주고받을 수 있게 하는 차세대 지능형 전력망이다.[5] 실시간 데이터를 이용해 전기량을 예측하고,

전력 수급 상황별 차등 요금제를 통해 수요 조절을 가능하게 해 에너지 효율을 높인다.

스마트 그리드의 진화된 형태로, 획기적인 발상 전환 사례는 다름 아닌 가상발전소(VPP: Virtual Power Plant)다. 가상발전소는 전력의 공급자와 수요자가 '분산'된 에너지에 대한 실시간 정보 교환을 통해 에너지 효율을 최적화하는 양방향 방식의 개방형 플랫폼이다. 물리적으로 세워지지 않은 가상 형태여서 주소도 없고, 눈에 보이지도 않는다. 하지만 분명 존재하는 발전소다.

기본 원리는 소규모의 재생에너지 발전 설비와 에너지 저장 장치(ESS) 등의 '분산'된 에너지를 클라우드 기반의 디지털 소프트웨어를 이용해 통합하고 서로 연결해 하나의 발전소처럼 제어, 관리하는 것이다.[6] 즉 흩어져 있는 소규모의 발전소를 엮어서 제어, 관리함으로써 상황에 맞게 전력을 공급할 수 있는 최적의 효율성을 지닌 발전소인 것이다. 재생에너지의 공급 간헐성을 보완하는 동시에 피크 전력에 대비한 첨두부하 발전소 역시 최소화할 수 있다. 원거리 송전에 따른 전력 손실을 막는 것은 물론 기피 시설로 인식되는 송전 설비도 필요없다. 전력망 운용 비용 역시 대폭 줄일 수 있다.

테슬라가 남호주(South Australia)에서 진행한 사례를 통해 가상발전소의 사업 모델을 살펴보자. 테슬라는 2018년 2월, 2022년까지 남호주의 최소 5만 가구에 가정용 태양광 배터리 시스템을 구축하고 세계 최대 규모의 가상발전소를 조성한다는 계획을 발표했다.[7] 당시 남호주는 노후화된 전력 인프라, 높은 재생에너지 발전 비중으로 인한 전력 공급의 불안정성, 전기 요금 급등이라는 삼중고를 안고 있었다. 테슬라는 해당 가구에 5kW의 가정용 태양광 패널과 13.5kWh의 자사 파워월 배터리, 스마트미터 시스템을 제공하고, 이를 통해 태양광 발전을 하며, 남는 에너지는 가상발전소를 통해 공유하게 한다. 해당 가정의 설치 비용은 무료이되 발전 수익의 일부는 공유하는 조건이다. 테슬라는 이 프로젝트를 통해 정전을 줄이고 전력 공급을 안정화할뿐더러, 참여 가구의 전기 요금을 최대 30% 절감할 수 있을 것으로 예측했다.

호주, 미국 등에서 가상발전소 사업을 확대해 온 테슬라는 2021년 8월, 실시간 전력 거래 플랫폼인 '오토비더(Autobidder)'를 기반으로 한 가상발전소 사업을 독일 전역으로 확대해 나갈 것이라고 발표했다.[8] 오토비더는 고용량 배터리와 AI 프로그래밍을 결합한 머신러닝 기반의 에너지 거래 플랫폼이다.[9] 배터리와 AI가 결합된 오토비더를 집에 설치하면 태양광 등을 통해 얻은 전력을 최적화해서 저장한 후, 남는 전력을 도매 시장에 입찰해 실시간으로 판매할 수 있다. 저렴한 심야 전기를 충전한 후 전력 수요가 몰리는 피크 시간대에 되팔 수도 있다. 테슬라의 이 비즈니스 모델이 성공한다면 전력의 분산화와 디지털화에 혁명적 계기가 마련될 것으로 전망된다. 2019년 일론 머스크 테슬라 CEO는 "앞으로 테슬라의 태양광과 에너지 저장 사업이 전기차 사업보다 더 빠르게 성장할 것"이라 말한 바 있다. 이는 결코 과장이 아닐 것으로 보인다.[10]

테슬라는 태양광과 에너지 저장을 통한 가상발전소 구축에서 나아가 전기차의 배터리를 전력망의 전력 공급원으로 사용하는 '전기차에서 전력망으로(V2G: Vehicle to Grid)' 프로젝트를 통한 가상발전소 구축을 추진하고 있다. 한국에서도 전기차의 쓰고 남은 전기를 전력원으로 재사용할 수 있는 양방향 전기차 충전 서비스인 V2G가 정부의 규제 샌드박스를 통과했다.[11] V2G는 전기차의 배터리를 에너지 저장 장치로 활용해 전기 요금이 저렴한 시간에 전기차를 충전하고, 전기 요금이 비싼 피크 시간에 전기를 송출해 전력 수급의 안정을 기하고 전기차 유지 비용을 절감할 수 있다. 이를 위해서는 배터리 수명이 긴 전기차가 충분히 공급되어야 하고, 전기차가 충전과 방전이 가능하도록 전력망에 연결될 수 있어야 하며, 사물인터넷과 컨트롤러를 통해 전기차 배터리의 정보를 수집하고 관리해서 전기를 전력망에 적절한 시간대에 공급할 수 있도록 하는 소프트웨어 프로그램 개발 등이 과제로 남아 있다.

모달 시프트와 차세대 교통 및 물류 시스템

전 세계의 수송 과정에서 배출되는 이산화탄소는 승용차(45%), 트럭(25%), 비행기(12%) 순으로, 승용차가 가장 높다.[12] 승용차의 탄소 배출을 줄이는 방법은 크게 세 가지다. 첫째는 승용차 대신 버스와 기차 등 대중교통 수단을 이용하는 것, 둘째는 탄소 배출이 없는 전기차와 수소차를 이용하는 것, 셋째는 수송 과정의 에너지 효율을 높이는 것이다. 이 중 첫 번째에 해당하는 대중교통의 인프라 구축은 상대적으로 덜 혁명적인 전환으로 인식되어 소홀시되어 온 경향이 있다. 하지만 모든 국민이 편리하게 대중교통 수단을 이용하는 인프라가 구축된다면 이는 탈탄소 시대의 가장 혁명적인 전환이 될 수 있다. 국가에 따라 차이는 있지만 승용차를 버스로 전환하면 탄소 배출량은 약 70퍼센트가, 기차로 전환하면 약 80퍼센트가 줄어든다는 연구가 있다.[13]

일반적으로 모달 시프트(modal shift)는 화물 수송에서 트럭 이용률을 줄이고 철도나 해운으로 전환하는 것을 의미한다. 하지만 탄소 배출을 줄이기 위해서는 화물 수송에서 나아가 승용차를 버스나 기차로 전환하는 확장된 개념의 모달 시프트가 필요하다. 이를 위해서는 대중교통수단이 승용차보다 편리하고 쾌적하며 저렴해야 한다. 동시에 대중교통망이 구석구석 연결되고 환승 역시 용이해야 한다. 버스 중앙차로를 확대해 버스의 편의성을 높이고, 교외에서 도심으로 들어오기 위한 버스, 철도, 지하철 등 대중교통망 연결 지점에 승용차

주차 시설을 마련하는 등 환승 연계 시스템을 확충해야 한다. 화물의 수송 수단을 편리하게 바꿀 수 있는 환적 시스템을 마련하는 것도 대안이다. 시내에서 승용차를 이용할 때 페널티를 높이는 한편 대중교통 비용을 낮추는 등 인센티브를 확대해야 한다.

한편 에너지 효율을 높이고 탄소 배출을 줄이기 위해서는 탑승자, 보행자, 교통수단이 상호간에 이동 흐름을 방해하지 않고 유기적으로 움직여 운행 대기 시간을 줄이는 것이 무엇보다 필요하다. 이를 위해 차량 내비게이션 시스템뿐만 아니라 신호등, 표지판, CCTV, 차량 도착 시간 안내 등 도로 인프라에 인공지능과 디지털 첨단 기술을 광범위하고 신속하게 보급해야 한다. 예를 들어 인공지능이 축적된 빅 데이터를 활용해 차가 막히면 초록 신호등을 켜고, 차가 없거나 보행자가 나타나면 빨간 신호등으로 바뀌게 하여 도시 전체의 교통 시스템이 물 흐르듯 구축되는 것이 필요하다. 최근 급격히 발전하고 있는 인공지능(AI), 5G와 사물인터넷(IoT) 시스템, 공간 정보 시스템 등이 이러한 차세대 지능형 교통 시스템(Intelligent Transport System)을 더 정교하게 발전시킬 것이다.

물류 시스템의 경우에도 픽업 및 배송 정보, 교통 흐름, 물류 창고 수용 규모 등의 정보를 제공하는 사물인터넷 플랫폼을 통해, 가장 효율적인 경로로 화물을 최종 목적지에 배송하게 함으로써 화물 트럭의 운행을 최소화할 수 있다. 특히 온라인 유통 및 판매(e-commerce)가 급증함에 따라 에너지 효율적인 물류 시스템을 구축해야 하는 필요성이 커지고 있다. 최근 지어지는 물류 창고는 기존 물품의 입고, 보관, 출하에 한정하지 않고, 온라인 쇼핑몰로부터 주문 수집, 보관, 포장, 배송, 고객 관리, 회수 및 반품까지 물류와 관련한 모든 것을 처리하는 풀필먼트 센터(fulfillment center) 역할을 하고 있다.

생애 주기별 건물 관리와 제로 에너지 빌딩

건물에서는 냉난방은 물론 조명과 전자제품 사용 등 유지 관리 및 운영에 많은 에너지가 사용된다. 특히 최근 기후변화로 인해 폭염과 한파가 심화됨에 따라 냉난방으로 인한 에너지 수요는 한층 증가하고 있다.

정부의 국토 교통 탄소 중립 로드맵에 따르면, 건물 분야는 2030년까지 온실가스 배출량을 2018년 대비 33% 감축할 계획이다. 건물 분야의 온실가스를 줄이는 방향은 크게 세 가지로 제시된다.

첫째는 건물의 에너지 성능 데이터를 활용해 생애 주기별 건물 관리 체계를 구축한다. 둘째, 신축 건물은 제로 에너지화한다. 셋째, 기존 건물은 그린 리모델링을 추진한다. 건물 부문 역시 매우 도전적인 목표와 과제가 주어졌다고 할 수 있다. 이 도전적인 목표를 어떻게 달성할 것인가.

첫째, 생애 주기별 건물 관리 체계를 구축하기 위한 핵심은 사물인터넷과 인공지능 시스템을 활용한 건물 에너지 관리 시스템(BEMS: Building Energy Management System) 구축에 있다. 특히 대형 상업용 건물과 공장은 디지털 기반의 에너지 관리 시스템 구축을 통해 에너지 사용을 효율화하고 최적화함으로써 탄소 배출을 크게 줄일 수 있다. EMS란 공장이나 건물 등에서 사물인터넷을 이용한 센서와 자동화된 IT 소프트웨어 등을 통해 전력량을 실시간으로 조절하는 것을 말한다. 건물별로 별도의 관리 시스템을 설치하지 않고 클라우드(Cloud) 기반의 스마트 통합 관리 플랫폼이라는 자동 제어 시스템을 통해 건물의 주요 설비를 모니터링하여 관리함으로써 에너지 사용을 효율화할 수도 있다.

둘째, 신축 건물의 제로 에너지화는 이미 2014년부터 예고된 바 있다. 2014년 정부는 2020년부터는 공공 건축물을, 2025년부터는 민간 건축물까지 제로 에너지 빌딩을 의무화한 '녹색 건축물 기본 계획'을 발표한 바 있다. 따라서 제로 에너지 빌딩(ZEB: Zero Energy Building)은 더 이상 피해 갈 수 없는 건설 업계의 화두가 되고 있다. 제로 에너지 빌딩은 기존 건물의 그린 리모델링에도 적용될 수 있다. 제로 에너지 빌딩 구현의 핵심은 창호나 벽체 등의 단열 성능을 극대화해 건물의 에너지 요구량을 최소화하는 패시브 기술과 조명이나 보일러 등 설비 시스템의 효율을 극대화해 에너지 소비량을 최소화하는 액티브 기술에 있다. 여기에 태양광 등 재생에너지를 활용해 건물의 최종 에너지 소비를 제로화한 건물이 제로 에너지 빌딩이다.

다만 단열 성능과 설비 시스템의 효율을 극대화하는 데는 비용이 급상승하는 것이 불가피하다. 아파트를 지으면서 단열을 위해 벽체를 두껍게 하면 전용 면적은 줄어든다. 고단열 자재를 사용하고 고효율 보일러와 LED 조명 등을 설치하는 과정에서 자재 비용이 상승하는 것을 막기 어렵다. 그뿐 아니라 관리 기술 비용 등 서비스 개발 비용도 증가한다.

이렇게 증가되는 비용을 보전할 방안, 즉 보조금 지급이나 용적률 완화 등의 인센티브가 병행될 때 제로 에너지 빌딩의 구현을 앞당길 수 있다.

3   건너가는 과정의 고통을 줄이려면

"피해와 고통을 최소화하기 위해서는 해당 부문을 중심으로
신속한 업종 전환, 일자리 재배치, 근로자 재교육이 필요하다."

공정하고 정의로운 전환

탄소 중립으로 가는 길에서 가장 중요하게 다루어야 할 과제 중 하나는 이 길에서 필연적으로 겪게 될 전환의 고통을 어떻게 최소화할 것인가다. 이 길을 앞서 걸어간 국가들은 화석연료 발전 부문, 탄소 다배출 제조업, 내연기관차 관련 업종 등의 전환 압력이 특히 거셀 뿐더러 비용과 고통 역시 막대함을 경험했다. 탄소 중립 과정에서 이들 산업이 쇠퇴하면 수많은 근로자들의 고용이 불안정해지고, 지역 경제는 침체에 빠진다. 대기업의 고통은 부품 업체에게는 더 큰 고통으로 전가된다.

이와 같이 탄소 중립 과정에서 특정 산업과 종사자, 지역사회가 일방적인 희생을 강요당하거나 낙오 또는 소외되지 않도록 해결법을

모색하는 것이 '공정 전환'의 핵심이다. 공정 전환은 이미 국제사회의 탄소 중립 논의에서도 빼놓을 수 없는 주요 이슈로 다루어져 왔다. 공정하고 정의로운 노동 전환을 적극 지원한다는 공정 전환의 원칙은 2015년 파리 기후변화협정 전문에 명시되었으며, 2021년에서도 재차 확인되었다.

EU와 미국 역시 에너지 시프트 과정에서 무엇보다 '공정 전환'을 강조한다. 이에 따라 산업의 쇠퇴, 사업 축소, 일자리 감소 등이 불가피한 산업과 관련 업종 종사자들을 위해 공정 전환 기금을 조성하고 업종 전환, 교육 및 직업 훈련 등을 적극 지원한다는 방침이다. 이를 위해 EU는 그린딜 예산의 약 15%를, 미국은 기후 관련 투자의 40%를 공정 전환 관련 예산으로 책정하고 있다.[14] 한국 정부 역시 공정 전환의 필요성과 중요성을 거듭 강조하고 있다. 하지만 정작 예산을 들여다보면 그것이 잘 보이지 않는다. 2022년 탄소 중립 예산 중 공정 전환 관련 예산은 4% 정도에 불과하다.[15]

이는 우리나라의 현실을 제대로 직시하지 않은 조치라 할 수 있다. 우리나라는 탄소 중립으로 가는 길에 상대적으로 더 큰 전환의 고통이 예상된다. 제조업 비중이 높을뿐더러 제조업 중에서도 탄소 다배출 업종의 비중이 높기 때문이다.

우리나라의 제조업 비중(27%)은 세계 1위인 중국(28%)과 비교해도 뒤지지 않는다. 제조업 비중이 10% 전후에 불과한 미국, 영국 등과 비교하면 현저히 높은 수준이다. 제조업 중 철강, 석유화학, 시멘트 등 온실가스 다배출 업종의 비중 역시 매우 높다. 따라서 피해와 고통을 최소화하기 위해서는 해당 부문을 중심으로 신속한 업종 전환, 일자리 재배치, 근로자 재교육 등이 필요하다. 실기할 경우 고통과 비용은 더 커질 뿐이다.

업종별 대책: 독일의 제조업 비탄소화 사례

온실가스 다배출 업종 비중이 압도적으로 높은 제조업 중심의 산업구조. 우리의 이러한 현실은 탄소 중립을 실현하는 일이 얼마나 도전적인 과제인가를 다시 한번 상기시킨다. 게다가 발전이나 수송 등 여타 부문과 비교할 때 제조업 부문은 획기적인 감축 수단이 잘 보이지 않는다. 이와 같은 상황에서 기후와 연계된 새로운 통상 환경은 이들 제조업의 경쟁력을 더 옥죄어 오고 있다. 대응 역량은 부족한 한편, 대응이 늦어질 경우 글로벌 공급망에서 소외될 우려도 크다. 전환에 대한 요구는 거세지만 전환 준비는 부족한 딜레마 상황이다. 다름 아닌 철강, 시멘트, 석유화학, 정유 등이 우리 산업의 주력 업종이라는 현실 때문이다.

게다가 이들 온실가스 다배출 업종의 배출 구조나 특성, 감축 수단 등은 매우 상이하기 때문에 업종별 맞춤형 전략과 지원이 절실하다. 예를 들어 철강 산업은 온실가스 배출의 80%가 유연탄 사용에 따른 직접 배출에 기인한다. 반면 시멘트 산업은 직접 배출은 약 27%에 불과한 반면 공정 과정에서의 배출이 67%를 차지한다. 석유화학 산업은 철강 산업과 마찬가지로 직접 배출이 절대적인 구조이나, 주원인은 부생가스 사용이다.[16] 업종별로 탄소 중립 실현을 위한 진단과 처방이 달라질 수밖에 없기 때문에 지원 대책 역시 맞춤형으로 실시되어야 정책이 의미 있는 효과를 거둘 수 있다.

온실가스 다배출 산업의 탄소 중립을 앞당기기 위해서는 공정 전환에 필요한 그린 인프라 구축, 핵심 기술에 대한 R&D 지원, 저탄소 제품의 초기 시장 형성을 위한 최저 비율의 의무 구매 제도, 기업의 탈탄소화 비용에 대한 세액 공제 확대가 무엇보다 중요하다. 구체적인 정책적 지원 방향을 철강 산업을 중심으로 한국의 상황과 독일의 사례를 비교하면서 살펴보자.

국내 산업 부문 중 가장 많은 온실가스를 배출하는 철강 산업. 우리나라 제조업 중 철강 산업 비중은 14.5%로, 철강 산업의 온실가스 배출량은 우리나라 산업 부문 온실가스 배출량의 무려 39%를 차지한다. 이는 우리나라 전체 온실가스 배출량의 13%에 해당한다.[17] 철강 1톤을 생산하는 과정에서 약 2톤의 이산화탄소가 배출된다. 이 수치는 철강 업계의 탄소 배출 감축이 탄소 중립 달성에 얼마나 중요한지를 보여 준다.

그렇다면 철강 업계는 어떻게 탄소 배출을 줄일 수 있을까. 우선 철강을 만드는 과정을 살펴보자. 철강을 만드는 방식에는 크게 고로 방식과 전기로 방식이 있다. 고로 방식은 철광석과 유연탄으로 만든 코크스 등을 용광로에 넣어 녹여 만든다. 따라서 온실가스가 다량 배출될 수밖에 없다. 전기로 방식은 철스크랩(고철)을 전기로에 투입해 녹여 만든다. 많은 전기를 사용하기 때문에 이산화탄소의 간접 배출이 발생하지만, 배출량은 고로 방식의 4분의 1 수준에 불과하다.

철강 업계는 탄소 중립을 달성하기 위해 다양한 방안을 모색 중이지만, 전략의 핵심은 환원제인 코크스 사용을 어떻게 줄일 것인가에 집중되어 있다. 그중 대표적인 것이 코크스 대신 수소를 이용하는 수소 환원 제철이다. 이는 철강의 제조 방식을 근본적으로 전환하는 것으로, 획기적인 방식이라 할 수 있으나, 막대한 비용이 불가피하다. 특히 이산화탄소 배출이 많은 고로 비중이 70%에 달하는 국내 철강 업계의 부담은 크다.

예를 들어 포스코가 현재 가동 중인 고로 9기를 모두 수소 환원 설비로 대체할 경우 그 비용은 54조 원에 이를 것으로 추산된다. 매몰 비용 27조 원에, 설치 비용 27조 원을 더한 비용이다. 이 경우 2~2.5배가량 원가가 상승하게 되는데, 포스코는 원가 상승이 수출 경쟁력 악화 요인이 될 수 있음을 우려한다.[18] 따라서 이들 업종에 대한 업종별 국가 지원이 시급하다는 것이 산업계의 입장이다.

독일의 사례를 살펴보자. 독일은 유럽의 대표적인 제조업 강국이다. 제조업 비중이 20.7%로 유럽 국가들 가운데 가장 높다. 제조업 중 철강 산업 비중은 13%에 이른다. 당연히 이산화탄소 배출로부터 자유로울 리 없다. 온실가스 다배출 산업인 철강 산업의 배출량은 제조업 전체 배출량의 30%를 차지한다. 그럼에도 독일 정부는 EU보다도 5년 앞당긴 2045년 탄소 중립을 목표로 내걸었다. 독일 철강 업계 역시 2045년까지 탄소 중립을 실현한다는 방침이다.

탄소 중립을 실현하기 위해 독일 철강 업계는 수소 환원 제철을 통한 탈탄소화를 주요 전략으로 내세우고 있다. 하지만 2045년까지 제조법을 전환해 탄소 중립을 달성하는 데는 약 300억 유로(41조 4000억 원)의 비용이 들 것으로 추정된다. 따라서 독일 철강 업계는 정부에 대대적인 재정적, 제도적 지원을 강력히 요구하고 나섰다.

첫째, '그린(저탄소) 철강' 제품의 초기 시장을 형성하기 위한 최저 비율 의무화를 요구한다. 철강 제품의 일정 비율을 그린 철강으로 구입하도록 의무화할 경우, 그린 철강의 초기 시장이 형성되는 것은 물론 철강 제품을 구입해 사용하는 산업의 탄소 배출도 크게 줄일 수 있다.

일례로 자동차에 사용되는 철강을 모두 그린 철강으로 바꿀 경우, 자동차 공급망에서 탄소 배출을 25%나 줄일 수 있다. 최근 공급망에서 탄소 배출을 줄이려는 노력을 하는 기업들이 크게 늘어나고 있어 그린 철강은 제조 업체나 구입 업체 모두에게 윈윈이 될 수 있다.

둘째, 수소 환원 제철이 탄소 중립에 궁극적으로 기여하기 위해서는 그린 수소 확보가 필수 불가결하다. 따라서 정부 주도의 국가 수소 전략을 통해 수소 제조 능력을 확대해야 한다고 요구한다. 한편 그린 수소를 업체 차원에서 확보하기 위해 그린 수소의 자가 조달 움직임 역시 활발히 하고 있다.

셋째, 철강 업계의 탈탄소화 비용과 탄소 배출권 가격의 차액을 정부로부터 보전받는 차액 결제 계약(CCfDs: Carbon Contracts for Difference)의 도입을 요구한다. 철강 업계가 제조 공정의 탈탄소화를 위해 투자하는 비용은 배출권 시장에서 거래되는 탄소 배출권 가격을 상회한다. 따라서 탈탄소를 위한 기업의 투자 비용과 시장에서 형성되는 배출권 가격의 차액을 정부가 보전하도록 하는 것이 CCfDs다. 독일 연방 정부 역시 그 필요성을 인정하고 CCfDs 도입을 검토해 왔으며, 2021년 5월에는 2022년부터 2년간 철강업의 탈탄소화에 50억 유로(6조 9000억 원)를 투자할 방침을 밝혔다.[19]

일본의 경우도 유사하다. 일본제철은 수소 환원 제철로 전환하는 데 40~50조의 비용이 불가피하다는 입장이다. 일본 정부는 2021년 8월, 2조 엔의 탈탄소 기술 개발 지원 기금 중 철강의 탈탄소화에 1924억 엔(약 2조 원)의 지원을 결정했다.[20] 제조업의 탈탄소화를 실현하기 위해서는 핵심 기술의 연구 개발에 얼마나 투자와 인력을 집중하느냐가 관건이기 때문이다.

중소기업 대책: EU의 자동차 업계 고용 사례

가장 절실한 대책이 필요한 곳은 중소기업이다. 중소기업중앙회의 실태 조사에 따르면,[21] 중소기업 중 탄소 중립을 인지하고 있는 기업은 절반에도 미치지 못했다. 대응 계획이 있는 기업은 14%에 불과하다. 대응 계획을 수립하지 못하는 가장 큰 이유로 60%의 기업이 자금과 인력 부족을 꼽았다. 탄소 중립 전환 비용에 부담을 느낀다고 응답한 기업도 무려 96%나 되었다. 현실적으로 탄소 중립이 어렵다는 기업도 43%에 달했다. 이러한 조사 결과는 국내 중소기업의 탄소 중립 대응 역량이 턱도 없이 부족함을 보여 준다.

그렇다면 탄소 중립의 물결은 과연 이들 중소기업을 비껴가 줄까. 그렇지 않다. 오히려 이제 탄소 중립의 물결은 중소기업을 덮치기 시작했다. 그 촉발제는 바로 스코프3이다. 과거에는 탄소 배출의 측정 및 관리가 제품 생산 과정에서의 직접 배출(스코프1)을 주 대상으로 했다면, 이제 간접 배출(스코프2)을 넘어 공급망에 포함되는 모든 협력 업체의 부품 생산 과정에서의 탄소 배출(스코프3)까지 포함하도록 확대되고 있다. 공급 제품의 전 과정 평가가 환경 규제의 새로운 표준이 되고 있는 것이다. 이는 이제까지 대기업에 집중되었던 탄소 배출 규제가 중소기업에까지 본격적으로 확대되기 시작함을 의미한다.

탄소 배출량을 측정하고, 관리하고, 줄이는 것이 중소기업에도 의무가 되는 동시에 기업 경쟁력의 척도로 부상하고 있다. 온실가스 배출 관리가 안 되는 기업들은 사업 기회가 축소되고 투융자를 획득할 기회 역시 놓칠 가능성도 높다.[22]

그뿐 아니다. 탈탄소로 전환하는 과정에서 좌초자산화가 우려되는 업종의 중소기업은 더욱 큰 위기에 직면하고 있다. 내연기관차와 직간접적으로 연관된 중소기업의 사례를 보자. 전기 자동차로 급속히 이행하고 있는 유럽의 경우 내연기관차의 단계적 퇴출은 예고된 것이다. 이 기간 동안 얼마나 많은 일자리가 사라지고, 얼마나 새로운 일자리가 창출될 것인가를 둘러싸고 격한 논의가 벌어지고 있다.[23] 계산 방법에 따라 그 수치는 크게 차이가 난다. 하지만 확실한 사실은 전기 자동차에서 불필요해진 내연기관차 관련 부품을 제조해 온 수많은 중소기업은 심각한 영향이 불가피하다는 것이다. 그리고 이들이 전기 자동차 생산이라는 새로운 역할을 담당할 수 있도록 기업에게는 업종 전환의, 해당 인력에게는 재교육의 기회가 주어져야 한다.

마치며

새롭게 써 나갈 에너지의 역사

우리는 앞서 11개의 키워드로 탈탄소로의 에너지 시프트를 개괄하며 에너지 산업과 기업의 경영 환경 전반에 근본적인 변화가 시작되었음을 확인했다. 화석연료와의 결별은 돌이킬 수 없는 반환점을 지났으며, 이해관계자들은 벌써 움직이기 시작했다. 기관 투자자들은 이제 기업에 투자할 때 매출과 이윤 등의 성과만 평가하지 않는다. 환경을 파괴하는 기업, 노동자를 착취하는 기업에는 투자하지 않으려 한다. 시간이 지날수록 재무적 성과뿐만 아니라 ESG라는 비재무적 성과가 기업의 성적표에 당당히 기재될 것이다.

'탈탄소'는 무역의 규칙도 바꾸고 있다. EU와 미국 등이 탄소 배출을 기준으로 관세를 부가하는 형태의 탄소국경세를 도입하겠다고 선언함에 따라 앞으로 수출 환경은 격변할 것이다. 특히 수출 주도형 경제 구조에 더해, 수출 산업의 탄소 집약도마저 높은 우리 경제에는 치명적인 타격이 우려된다. '탈탄소'의 도미노 현상도 가속화될 전망이다. 글로벌 기업들은 재생에너지 100% 사용을 자발적으로 약속하는 RE100에 적극 참여하면서 스스로 변화하는 것은 물론 협력 업체에도 같은 기준을 요구하기 시작했다.

물론 급속한 '탈탄소'로의 이행에 대한 반동 역시 적지 않게 나타나고 있다. 우선 급속한 에너지 시프트 과정에서 홀대받게 된 화석연료가 수급이 불안정해지는 한편, 대체제로 각광받는 신재생 에너지의 취약점이 부각되고 있다. 전 세계적으로 화석연료 투자는 급감한 반면 수요는 단기적으로 급증한 결과 가스 가격이 폭등하는 등 에너지 대란 징조도 나타났다. 이에 따라 현재의 탄소 중립 움직임은 과도하게 급진적이며, 넷제로 목표는 신기루에 불과하다는 자조가 커지고 있다. 그린플레이션에 대한 우려, ESG 실행에 따른 기업의 피로감, 탄소 중립 과정에서 기업의 부담이 가중된다는 등 우려도 적지 않다. 탄소 중립에 대해 속도 조절론에서부터 심지어 근본적인 회의론까지 나타났다. 탄소 중립을 바라보는 국내의 시각은 더 복잡하다. 우리 정부는 2020년 10월에 2050년까지 탄소 중립을 이루겠다는 목표를 선언했으며, 1년 만인 2021년 10월 '2050 탄소 중립 시나리오 최종안'을 내놓았다. 탄소 중립을 위한 에너지 전환의 필요성에 대해서는 공감하는 바이지만, 에너지 시프트의 속도와 방법에 대해서는 논란이 있다. 특히 제조업 비중이 높은 우리나라의 현실에서 2050 탄소 중립이 과연 실현 가능한 목표인지에 대해서는 물론, 전환 비용 및 공정 전환에 대해서도 우려가 크다.

그럼에도 저자들은 에너지 시프트라는 역사적 대전환의 길목에서 인류에게 닥친 새로운 도전을 명확히 이해하고, 응전의 방향을 정확히 설정하고, 응전의 과정에 빠르게 동참한 국가와 기업만이 지구와 인류의 미래를 구하는 것은 물론 거대한 부의 기회를 향유하게 될 것이라고 과감히 제안했다. 그 이유는 무엇일까? 첫째, 기후변화, 그리고 이에 따른 생태계의 위기가 임계점에 가까워졌다는 점은 엄연한 사실이다. 학계는 기후변화의 위험을 수십 년 전부터 경고해 왔다. 세계 각국은 기후변화를 막을 방안을 끊임없이 모색했으나, 각국의 이해관계에 따라 제대로 실천이 이루어지지 않았다. 그러면서 기후변화에 대한 경고가 양치기 소년의 거짓말 정도로 치부되기도 했다. 하지만 이제 더는 미룰 수 없는 상황이 도래했다. 기후변화를 막아야 한다는 경고를 더 이상 양치기 소년의 거짓말로 치부했다가는 늑대에 잡아먹힐 처지가 된 것이다. 둘째, 기후변화의 영향이 단지 자연 생태계 차원의 변화에 그치지 않는다는 것이다. 기후변화는 각국 정부의 정책을 바꾸고 관련 규제를 강화하게 만들고 있다. 이뿐만 아니다. 기후변화는 누구에게나 평등하게 미치지만, 그 결과는 평등하지 않다. 기후 재난이 빈곤층, 저개발국에 더 큰 영향을 미치면서 계층 간, 국가 간 불평등을 심화하고 있다. 나아가 문제의 원인을 제공한 기성세대와 그 피해를 입고 부담만 지게 된 미래 세대 간 갈등 역시 불가피하다. 셋째, 청정에너지 관련 시장 및 기술이 비가역적인 수준으로 커져 가고 있다. 1970년대 1, 2차 오일쇼크 시기부터 지금까지 신재생에너지 개발 붐은 수차례나 불었다. 하지만 청정에너지 개발 붐이 과거에는 주로 정부 주도로 이루어졌다면, 지금은 정부는 물론 민간 기업들이 청정에너지에 대대적으로 투자하고 있다. 돈의 흐름, 성격, 규모 모두가 바뀌었다. 넷째, 에너지 시프트에 대한 요구가 과거에는 시민단체나 NGO에서 이루어졌다면, 이제는 투자자를 비롯한 전체 이해관계자들에게까지 확대되고 있다. 그 배경에는 기후변화에 대한 자본주의의 역할과 책임, 기여를 둘러싼 담론이 자리하고 있다. 이제껏 기업의 비용에서 제외되어 사회가 부담했던 환경 파괴 비용을 이제는 기업이 부담하게 함으로써, 사회적 책임과 기여를 다하는 방향으로 자본주의를 변화시켜야 한다는 것이다.

'탈탄소 에너지'로의 시프트는 이미 미래가 아닌 현재다. 이에 따라 저자들은 우리가 탄소 제로, 즉 '0'을 향한 위대한 행진이 '0'을 향한 고난의 행군이 되지 않기 위해 탄소 중립 시대로 다리를 건너는 과정에서 몇 가지 방향성을 제시했다. 첫째, 건너갈 다리까지 불사르지 않는 것. 이것이 우리가 어떤 에너지원과 기술을 선택할지에 대한 기준이다. 탄소 중립은 앞으로 수십 년에 걸쳐 진행될 역사적 과업이며, 그 전환 기간 동안 불가피하게도 과거의 에너지와 미래의 에너지는 공존할 수밖에 없다. 따라서 미래의 청정에너지를 준비하는 동시에 과거의 에너지를 깨끗한 에너지로 변신시켜 재활용하는 기술 역시 주요 선택지로 고려해야 한다. 둘째, 다양한 디지털 기술을 활용해 새로운 인프라를 구축해야 한다. 탄소를 배출하지 않는 에너지를 사용하는 일도, 에너지 사용 자체를 줄이는 일도 중요하다. 이와 함께 디지털 기술을 활용해 에너지 효율을 극대화함으로써 에너지를 전략적으로 사용하는 것 또한 탈탄소 시대를 앞당길 최적의 방법 중 하나이다. 셋째, 다리를 건너는 과정에서 고통을 최소화해야 한다. 탄소 중립은 우리가 이제까지 이룩한 에너지 시스템을 근본적으로 바꾸는, 에너지의 역사를 완전히 새로 쓰는 작업에 해당한다. 따라서 필연적으로 고통이 뒤따른다. 특히 제조업 비중이 높을뿐더러, 탄소 다배출 업종 비중이 높은 우리나라는 더 큰 전환의 고통이 불가피하다. 따라서 업종별 맞춤형 대책과 중소기업 대책을 통해 전환의 고통을 줄이고 공정 전환이 이루어질 수 있도록 정책적 지원이 절실하다.

주

1부 탈탄소, 부의 지도를 바꾼다

1   IPCC는 세계 각국의 전문가가 기후변화에 관한 위험을 평가하는 유엔 산
    하의 기후변화에 관한 정부 간 협의체다. 195개 국가가 IPCC에 참여하고
    있다.

2   IPCC, Climate Change 2021: The Physical Science Basis, Working
    Group I contribution to the Sixth Assessment Report of the Intergov-
    ernmental Panel on Climate Change, 2021. IPCC 6차 평가 보고서(AR6,
    Assessment Report 6)는 2014년 5차 평가 보고서에 이어 발간되었으며,
    2021년 8월 제1실무 그룹 보고서를 시작으로 2022년 9월 종합 보고서를
    발표할 예정이다.
    https://www.ipcc.ch/report/ar6/wg1/downloads/report/IPCC_AR6_
    WGI_Full_Report_smaller.pdf

3   Net Zero Tracker 홈페이지. https://eciu.net/netzerotracker(검색일:
    2021.10.30.)

4   환경부 보도자료, "2050 탄소 중립을 향한 경제·사회 전환 법제화 탄소 중
    립 기본법 국회 통과", 2021.8.31.

5   Goldman Sachs, Green Hydrogen: The next transformational driver of
    the Utilities industry, September 22, 2020.
    https://www.goldmansachs.com/insights/pages/gs-research/green-
    hydrogen/report.pdf

6   《한국경제신문》, "中 탄소 중립 선언적 의미 아냐……정권 유지 위한 중대
    과제", 2021.12.28.

7   KOTRA 해외시장뉴스, "美 실리콘밸리의 다음 혁신은 기후 위기에서 시

작된다", 2021.8.2.

8   한국석유공사 공식 블로그, "석유 고갈이 40년 남았다고 말하는 이유? '매장량' 무엇?" 2021.8.10.

     https://blog.naver.com/knoc3/222464223175

9   교토 의정서에서 규제 대상으로 정한 6대 온실가스는 이산화탄소(CO_2), 메탄(CH_4), 아산화질소(N_2O), 육불화황(SF_6), 과불화탄소($PFCs$), 수소불화탄소($HFCs$)이다.

10   EY한영 회계법인, 「기후변화 규제가 한국 수출에 미치는 영향 분석: 주요 3개국(美·中·EU)을 중심으로」, 2021.1, 11쪽. 2020년 기준 철 및 철강 제품의 대EU 수출액은 15억 2300만 달러(약 1조 8280억 원) 규모다.

11   DataTrek 홈페이지.

     https://www.datatrekresearch.com/sp-sector-weights-2009-vs-2020/

12   Carbon Tracker Initiative, "Brown is the new green – Will South Korea's commitment to coal power undermine its low carbon strategy?", March 13, 2019.

     https://carbontracker.org/reports/south-korea-coal-power/

2부 에너지 시프트: 탄소 중립 시대의 11가지 키워드

1   UNDRR, Human Cost of Disasters: An overview of the last 20 years 2000-2019, October 2020.

     https://www.undrr.org/sites/default/files/inline-files/Human%20Cost%20of%20Disasters%202000-2019%20FINAL.pdf

2   *CNN*, "UN warns that world risks becoming 'uninhabitable hell' for millions unless leaders take climate action", October 13, 2020.

3   데이비드 월러스 웰스, 『2050 거주불능 지구: 한계치를 넘어 종말로 치닫는 21세기 기후 재난 시나리오』, 추수밭, 2020. 4.

4 정식 명칭은 제21차 유엔기후변화협정 당사국 총회. COP(Conference Of Parties: 당사국 총회)

5 IPCC, "Special Report on Global Warming of 1.5℃", 2018.

6 WMO, "State of the Global Climate 2020", 2021.4.

7 UN News, "World faces 'climate apartheid' risk, 120 more million in poverty: UN expert", June 25, 2019.

8 *The Guardian*, "'Climate apartheid': UN experts says human rights may not survive", June 25, 2019.

9 Aparna Nathan, "Climate is the Newest Gentrifying Force, and its Effects are Already Re-Shaping Cities", Blog, Scinece Policy, July 15, 2019. https://sitn.hms.harvard.edu/flash/2019/climate-newest-gentrifying-force-effects-already-re-shaping-cities/

10 Stockholm Environment Institute & Oxfam, "The Carbon Inequality Era", September 2020, pp.1~12.

11 사다리 걷어차기(kicking away the ladder)라는 용어는 장하준, 『사다리 걷어차기(Kicking away the Ladder)』, Anthem Press, 2002에서 처음 제안되었다.

12 《한겨레》, "2050 탄소 중립 시나리오' 최종안……산업계·기후단체 모두 반발', 2021.10.18.;《아시아 경제》, "탄소 중립 실현 기술 부족한데 목표부터……기업들 이중압박", 2021.10.22.;《파이낸셜 뉴스》, "더 세진 '탄소 중립'……반도체·차 비상", 2021.10.18.;《한국일보》, "쏟아지는 탄소 중립 비판……졸속, 깜깜이 결정 안 돼", 2021.10.19.;《중앙일보》, "더 세진 탄소 제로……산업계 벌써 비명", 2021.10.19.;《경향신문》, "시민 60% '탄소 중립 모른다.', '기후 위기 소통 절실하다.'", 2021.10.21.;

13 EC COM(2021) 550 final, "Fit for 55: delivering the EU's 2030 Climate Target on the way to climate neutrality."

14 한국자동차산업협동조합 홈페이지의 기업 현황에 따르면 2020년 말 현재

6대 자동차 회사(현대, 기아, 한국지엠, 르노삼성, 쌍용, 타타대우)와 직접 거래하고 있는 1차 협력 업체 수는 744개 사이다. 하지만 2차 협력사 3000여 곳, 3차 협력사 5000여 곳을 합하면 완성차 업체와 관련을 가지는 협력사는 총 9000여 곳에 이른다.

http://www.kaica.or.kr/bbs/content.php?co_id=company

15 관계 부처 합동, '자동차 부품기업 미래차 전환 지원 전략', 2021.6.

16 대외경제정책연구원, 「EU탄소국경조정 메커니즘에 대한 통상법적 분석 및 우리 산업에의 시사점」, KIEP오늘의 세계경제, 2021. 7. 21.

17 KIEP, EU 탄소감축 입법안('Fit for 55')의 주요 내용과 시사점, Vol.4 No.44, 2021. 7. 22.

18 The White House, Executive Order on Tackling the Climate Crisis at Home and Abroad, January 27, 2021.

19 "The Biden Plan to Build a Modern, Sustainable Infrastructure and an Equiatable Clean Energy Future."

https://joebiden.com/clean-energy/

20 한전경영연구원, 「미국의 전력부문 2035 탈탄소화 전략 로드맵」, 『글로벌 동향자료』[21-13호], 2021.4.

21 한국산업기술진흥원, 「주요국의 탄소 중립을 위한 산업정책 현황과 시사점」, 2021.8, 10쪽.

22 U.S.Department Energy, Solar Futures Study, September 8, 2021.

https://www.energy.gov/eere/solar/solar-futures-study

23 바이든 행정부는 신규 판매 차량의 평균 연비를 2020년 40mpg(mile per gallon)에서 2026년 52mpg로 강화했다. 전기차 구매 보조금 한도는 기존의 7500달러에서 1만 달러 이상으로 확대할 방침이다. 유진투자증권, 「미국, 자동차 연비규제 강화, K-배터리 수혜」, 2021.8.6.

24 EU의 탄소 국경세 부과 시 우리나라 수출은 연간 0.5%, 미국의 탄소 국경세 도입 시 0.6% 감소할 것으로 예상된다. 한국은행, 「주요국 기후변화 대응

정책이 우리 수출에 미치는 영향 ─ 탄소 국경세를 중심으로」,《조사통계월보》, 2021.7.

25　인천연구원, 「중국의 전력수급과 〈14·5 규획〉 전력 부문 정책 전망」, 한중 Zine INChinaBrief Vol.394, 2021.03.29.

26　위의 글.

27　유럽, 미국, 일본, 캐나다, 호주/뉴질랜드를 포함한다.

28　GSIA, Global Sustainable Investment Review 2020, p.9.

29　전광우, 『2020 ESG글로벌 서밋: 복원력 강한 경제와 지속 가능한 금융의 길』, 세계경제연구원, 2021.1.20, 349~350쪽.

30　Larry Fink's 2021 letter to CEOs https://www.blackrock.com/corporate/investor-relations/larry-fink-ceo-letter

31　전광우, 앞의 책, 112~113쪽.

32　알렉스 에드먼스, 송정화 옮김. 『ESG파이코노믹스: 사회적 가치와 이윤을 동시에 창출하는 전략』, 매일경제신문사, 2021.5.

33　"Why 'Growing the Pie' can Help Firms Deliver Purpose and Profit", 2020.6.9. https://knowledge.wharton.upenn.edu/article/growing-pie-can-help-companies-deliver-purpose-profit/

34　RE100 홈페이지 https://www.there100.org/

35　SK(주), SK텔레콤(SK브로드밴드 포함), SK하이닉스, SKC, SK머티리얼, SK실트론이 RE100에 가입했다.

36　현대자동차그룹 계열사 중에는 현대자동차, 기아, 현대모비스, 현대트랜시스, 현대위아가 RE100에 동참한다. .

37　Climate Group&CDP, RE100 Annual Progress and Insights Report 2020, 2020.12, p.3

38　Climate Group & CDP, RE100 Progress and Insights, 2019.12, p.2

39　애플 홈페이지 https://www.apple.com/environment/

40 https://www.apple.com/environment/pdf/Apple_Environmental_Progress_Report_2021.pdf Environmental Progress Report 2021.

41 Climate Group&CDP, RE100 Progress and Insights, 2019.12. p.8.

42 김성훈, EE칼럼, 확대되는 '한국형 RE100' 시장에 거는 기대, 《에너지경제》, 2021.8.25.

43 산업통상자원부 보도자료, RE100 기업 등을 위한 신재생공급 인증서(REC) 거래 시장 개설, 2021.8.2

44 KBS 뉴스, '발전량 늘어나는데 올해만 77번 멈춘 제주 풍력', 2021.01.25.; 《이데일리》, '작년 77회 셧다운'…… 제주, 남는 전력 육지로 보낸다', 2021.03.03.; 《투데이에너지》, '제주 신재생발전 39.9% 출력제약 필요', 2021.10.12.

45 연합뉴스, '제주 신재생에너지 남아돈다…… 2034년 운영 시간 절반 줄여야', 2021.10.12.

46 IEA, Energy Technology Perspectives 2020. September 2020, pp.23~26.

47 그레천 바크, 김선교·전현우·최준영 역, 『그리드: 기후 위기 시대, 제2의 전기 인프라 혁명이 온다』, 동아시아, 2021, 71~114쪽.

48 위의 책, 117~153쪽.

49 한국스마트 그리드협회 홈페이지 www.ksga.org

50 한국남동발전 공식 블로그, '가상발전소(VPP) 플랫폼 사업' 2021.8.24.

51 WCED, Report of the World Commission on Environment and Development: Our common Future, paragraph 25, 1987.
https://sustainabledevelopment.un.org/content/documents/5987our-common-future.pdf

52 Wim Thiery외 36명, Intergenerational inequities in exposure to climate extremes, Science, 26 Sep 2021. The Washington Post, 'Today's kids will live through three times as many climate disasters as their grandparents, study says', Sep 26, 2021에서 재인용.

53 *NBC News*, Read Greta Thunberg's full speech at the United Nations Climate Action Summit. September 24, 2019.

https://www.nbcnews.com/news/world/read-greta-thunberg-s-full-speech-united-nations-climate-action-n1057861

54 The Chicago Council on Global Affairs, "The Generational Divide Over Climate Change", October 4, 2019.

https://www.thechicagocouncil.org/commentary-and-analysis/blogs/generational-divide-over-climate-change

55 Pew Research Center, "Key findings: How Americans' attitudes about climate change differ by generation, party and other factors", May 26, 2021.

56 First Insight, "The State of Consumer Spending: Gen Z Shoppers Demand Sustainable Retail," January 2020, p.4.

57 Forbes, Sustainable Retail: How Gen Z is Leading The Pack, January 31, 2020.

https://www.forbes.com/sites/gregpetro/2020/01/31/sustainable-retail-how-gen-z-is-leading-the-pack/?sh=6390558b2ca3〉

58 서울대 소비트렌드분석센터는 2017년 말 발간된 『트렌드 코리아 2018』에서 '미닝 아웃'을 2018년 10대 키워드로 예측했다. 다음은 이 책에서 예측한 2018년 10대 트렌드다. 1. 소확행 소비, 2. 언택트 기술, 3. 플라시보 소비, 4. 나만의 커렌시아. 5. 미닝 아웃, 6. 만물의 서비스화, 7. 워라밸 세대, 8. 매력 자본, 9. 이 관계를 다시 써 보려고 해, 10. 세상의 주변에서 나를 외치다.

59 RSN 소셜 빅데이터 분석 시스템 Lucy 2.0 (검색 기간: 2020.11~2021.4), "착하게 사자" 미닝 아웃하는 MZ세대, KT 공식 포스트 2021.05.04.에서 재인용.

https://post.naver.com/viewer/postView.nhn?volumeNo=31405426&memberNo=30305360&vType=VERTICAL

60 Carbon Tracker Initiative, "Fossil Fuels will peak in the 2020s as renewables supply all growth in energy demand," Press Releases, September 11 2018.

https://carbontracker.org/fossil-fuels-will-peak-in-the-2020s-as-renewabls-supply-all-growth-in-energy-demana/

61 제러미 리프킨, 안진환 역, 『글로벌 그린 뉴딜』, 민음사, 2020.1.

62 *The Economist*, Special Report: The future of oil, November 24, 2016.

https://www.economist.com/special-report/2016/11/24/the-future-of-oil

63 Carbon Tracker Initiative, "Unburnable Carbon: Are the World's Financial Markets Carrying a Carbon Bubble?" 13 July 2011.

https://carbontracker.org/reports/carbon-bubble/

64 IEA, Net zero by 2050: A Roadmap for the Global Energy Sector, July 2021(3rd revision), p.21. 천연가스 수요는 2020년 현재 약 4조 입방미터에서 2050년 1.75조 입방미터로 약 55% 감소하며, 석유 수요는 2020년 90mb/d 수준에서 2050년 24mb/d로 75% 감소한다.

https://iea.blob.core.windows.net/assets/beceb956-0dcf-4d73-89fe-1310e3046d68/NetZeroby2050-ARoadmapfortheGlobalEnergySector_CORR.pdf

65 *Financial Times*, Lex in depth: the $900bn cost of 'stranded energy assets', February 4 2020.

https://www.ft.com/content/95efca74-4299-11ea-a43a-c4b328d9061c

66 IPCC 6차 평가 보고서(AR6, Assessment Report 6)는 2014년 5차 평가 보고서에 이어 발간되었으며, 2021년 8월 제1실무 그룹 보고서를 시작으로 2022년 9월 종합 보고서를 발표할 예정이다.

67 제조업 비중 및 서비스업 비중은 2017년 기준으로 World Bank 자료를 재인용했다. 이상원, 「장기 저탄소 발전전략(LEDS)을 산업 전환의 기회로

활용해야」, i-KIET산업경제이슈 제94호, 2020.10.23.

68 제러미 리프킨, 이진수 역, 『수소 혁명: 석유 시대의 종말과 세계 경제의 미래』, 민음사, 2003, 232~235쪽.

69 IEA, Energy Technology Perspectives 2020. September 2020, pp.23~26.

70 산업통상자원부, "수소 경제 성과 및 수소 선도 국가 비전 보고," 2021. 10. 7.

71 CCUS(Carbon Capture, Utilization and Storage) 탄소 포집·활용·저장

72 REN 21, Renewables 2020 Global Status Report, 2020. REN21은 'Renewable Energy Policy Network for the 21st Century'의 약칭으로 세계 재생에너지 정책 네트워크다.

73 한국에너지공단, 『2020 신재생에너지 백서』, 26쪽. 2019년 대형 발전소의 재생에너지 발전 비용(달러/kWh)은 2010년 대비 태양광은 82%(0.378달러/kWh → 0.068달러/kWh), 육상 풍력은 39%(0.086달러/kWh → 0.053달러/kWh), 해상 풍력은 29%(0.161달러/kWh → 0.115달러/kWh) 하락하였다.

74 한국에너지공단, 『2020 신재생에너지백서』, 2021. 407~409쪽. 균등화 발전 비용(LCOE, Levelized Cost of Energy)은 발전기가 생산한 전력의 단위당 단가를 산출한 것이다. 발전기 사용 기간의 설치 및 운용 비용 총액을 해당 설비가 생산하는 총 전력으로 나눈 값이다.

75 한국화학연구원, 보도자료, '한국화학연구원, 초고효율 페로브스카이트 태양전지 소재 개발…… 네이처지 표지논문 게재' 2021.2.25.

76 한국에너지공단, 앞의 책, 2021. 435~437쪽.

77 《전자신문》, '한화큐셀, 에너지대전서 차세대 태양전지 '탠덤 셀' 시제품 선보인다', 2021.10.7.
    https://www.etnews.com/20211007000015

78 제러미 러프킨, 『글로벌 그린 뉴딜』, 2020. 69쪽.

79 한국에너지공단, 앞의 책, 503~505쪽.

80 위의 책, 528~531쪽.

81 위의 책, 511~537쪽.

82 토니 세바(Tony Seba), 『에너지 혁명 2030(*Clean Disruption of Energy and Transportaion*)』 2014, 교보문고, 81~84쪽.

83 위의 책, 111~116쪽.

84 한국에너지공단, 앞의 책, 2020, 406쪽.

85 BP Sustainability Report 2005, p.41.
https://www.bp.com/content/dam/bp/business-sites/en/global/corporate/pdfs/sustainability/archive/archived-reports-and-translations/2005/bp-sustainability-report-2005.pdf

86 카본 트러스트 홈페이지 참조.
https://www.carbontrust.com/what-we-do/assurance-and-certification/product-carbon-footprint-label

87 IEA, Global energy-related CO_2 emissions by sector, Last updated 25 Mar 2021.
https://www.iea.org/data-and-statistics/charts/global-energy-related-co2-emissions-by-sector

88 에너지경제연구원, 《세계 에너지시장 인사이트》, 제21-1호, 2021.1.11.

89 European Commission, Sustainable and Smart Mobility Strategy – putting European transport on track for the future, 2020.12.9.

90 小森岳史, 'バイデン政権のEVプランは本当に野心的なのか 全米自動車労働組合へのメッセージ', 2021.8.26.
https://energy-shift.com/news/0c869cf7-29ec-4567-9d72-57f2ee8f-1c9c

91 *The New York Times*, California Plans to Ban Sales of New Gas-Powered Cars in 15 Years, Sep. 23, 2020.
https://www.nytimes.com/2020/09/23/climate/california-ban-gas-

cars.html

92 에너지경제연구원, 앞의 책.

93 Kotra 해외시장뉴스, '중국, 올해 신에너지차 판매량 240만 대 전망', 2021.10.12.
https://news.kotra.or.kr/user/globalBbs/kotranews/782/globalBbsData-View.do?setIdx=243&dataIdx=190970

94 Kotra 해외시장뉴스, '中 자동차시장의 견인차' '신에너지 승용차', 2018.9.7.
https://news.kotra.or.kr/user/globalAllBbs/kotranews/list/2/globalBbs-DataAllView.do?dataIdx=169379

95 Bloomberg, U.S.Coal Use is Rebounding Under Biden Like It Never Did With Trump, 2021.10.13.
https://www.bloomberg.com/news/articles/2021-10-12/u-s-coal-use-rebounds-under-biden-as-energy-crisis-drives-fossil-fuel-demand

96 빌게이츠, 김민주·이엽 역, 『빌게이츠, 기후 재앙을 피하는 법』, 김영사, 2021, 201~202쪽.

97 IEA, Net Zero by 2050: A Roadmap for the Global Economy Sector, May 2021.

3부 탄소 중립 시대를 위한 세 가지 제언

1 *MIT Technology Review*, 'Why capturing carbon is an essential part of Biden's climate plans', August 25, 2021.
https://www.technologyreview.com/2021/08/25/1032832/why-captur-ing-carbon-is-an-essential-part-of-bidens-climate-plans/

2 Ali Ahmad, "Increase in frequency of nuclear power outages due to changing Climate," *Nature*, July 5 2021.

3 *Financial Times*, France bets on more nuclear power in face of Europe's

energy crisis, October 12 2021.

4 빌 게이츠, 김민주·이엽 옮김, 『빌게이츠, 기후 재앙을 피하는 법』, 김영사, 2021, 78~83쪽.

5 한국 스마트 그리드 협회 홈페이지, https://www.ksga.org/web/index.do

6 한국남동발전 공식 블로그, '가상발전소(VPP) 플랫폼 사업' 2021.8.24.

7 ZDNet Korea, '테슬라, 호주에 주택 5만 개로 가상발전소 조성 계획', 2018.2.5.

8 *The Guru News*, '테슬라, 독일 가상발전소 설립 추진', 2021.8.25.

9 *CNBC*, 'Tesla's Musk says solar, energy storage will grow faster than electric cars, and there's some truth to it', 2019.12.14.
https://www.cnbc.com/2019/12/14/teslas-musk-says-solar-energy-storage-to-grow-faster-than-cars.html

10 Clean Technica, 'Is Tesla Becoming A Threat To The World's Biggest Utilities?', September 29, 2021.
https://cleantechnica.com/2021/09/29/is-tesla-becoming-a-threat-to-the-worlds-biggest-utilities/

11 뉴스1, '전기차 남는 전기를 전력원으로"······'양방향 V2G' 샌드박스 통과', 2021.7.28.

12 조너선 닐, 『기후위기와 자본주의: 체제를 바꿔야 기후변화를 멈춘다』, 책갈비, 2019, 135~136쪽.

13 위의 책, 137쪽.

14 《한국일보》, "이형희의 렛츠 ESG: 공정 전환, 낙오 없는 탄소 중립을 위하여", 2021.10.12.
https://www.hankookilbo.com/News/Read/A2021101209590002912

15 2022년 탄소 중립 예산 총 11.9조 원 중 내연기관, 석탄발전 분야 종사자 15만 명의 직무 전환, 지자체 탄소 중립 지원 센터 17개소 건설 등을 위한 공정 전환 예산으로 5000억 원을 편성했다.

16 산업연구원, 「2050 탄소중립과 제조업이 나아갈 길」, KIET산업경제, 2021.8, 24~25쪽.

17 기후솔루션, 「국내 철강 산업 탄소 중립 대응 동향과 이슈, 2021. 11.

18 《조선일보》, "철강업, 탄소 제로에 30년간 68조 원 들어…… 국가적 지원 필요해", 2021.7. 8.

19 熊谷徹, 「水素·再エネ拡大を！ドイツで進む製造業の非炭素化計画は'日本の将来像なのか」 2021.10. 4.
https://energy-shift.com/news/bcfa0218-6e26-4c5a-b23b-a841b-180ec7d

20 EnergyShift編集部, 「脱炭素のカギ握る鉄鋼と石炭火力　経産省'2,620億円を投じ大転換促す」 2021.8.27.
https://energy-shift.com/news/dd1e6776-f095-444c-8101-7de5bc-c014b1

21 《조선일보》, "중소기업 96% '탄소 중립 전환 비용에 부담 느낀다.'", 2021.12.6.

22 高橋洋行, 「中小企業にも及ぶ脱炭素の波　企業の脱炭素の成否を握るスコープ'1'2'3とは」 2021.12.8.
https://energy-shift.com/news/f793ede4-9736-40cc-a7f7-57757b1e700d?page=3

23 古屋将太「電気自動車への移行により'自動車産業の雇用がどれだけ失われるか?」 2021.8.2.
https://energy-shift.com/news/93eb91ad-37a7-46d7-959c-5f5e-b55ec505

에너지 시프트

탄소 중립 시대의 11가지 키워드

1판 1쇄 찍음 2022년 2월 14일
1판 1쇄 펴냄 2022년 2월 21일

지은이	김현진 · 이현승
발행인	박근섭 · 박상준
펴낸곳	(주)민음사

출판등록	1966. 5. 19. 제16-490호
주소	서울시 강남구 도산대로 1길 62(신사동)
	강남출판문화센터 5층 (우편번호 06027)
대표전화	02-515-2000	팩시밀리 02-515-2007
홈페이지	www.minumsa.com

ⓒ 김현진 · 이현승, 2022. Printed in Seoul, Korea

ISBN 978-89-374-7297-8 03320